# Colette Coleman
# TRAUMTOUREN MIT DEM MOTORRAD

Die schönsten und abenteuerlichsten Routen der Welt

VORWORT: TED SIMON

Delius Klasing Verlag

**Anmerkungen des Übersetzers** zur deutschen Ausgabe

Die Geografie unserer Erde ändert sich, wenn überhaupt, nur sehr langsam. Von Erdbeben, Tsunamis und Vulkanausbrüchen abgesehen, scheint sie innerhalb eines Menschenlebens still zu stehen. Ganz anders ist es mit den politischen Verhältnissen. Was dies betrifft, kann ein Reisebuch nur eine Momentaufnahme sein, in diesem Fall die des Jahres 2009. Wer plant, eine der beschriebenen Touren nachzufahren, sollte vorher die aktuelle Situation des Reisezieles prüfen: Wie steht es beispielsweise um den Bürgerkrieg in Sri Lanka? Ist derzeit eine Reise ins Baskenland (Nordspanien) ungefährlich? Kann ich mich auf Island angesichts des Staatsbankrotts noch versorgen?

Bei der Namensgebung von Ländern und Orten haben wir uns im Wesentlichen an die Begriffe der einheimischen Bevölkerung gehalten. So verwenden wir zum Beispiel nicht die Kolonialnamen Burma oder Birma, sondern Myanmar. Auf den Landkarten findet man allerdings aus technischen Gründen meist die international üblichen englischen Namen.

Streng genommen gehört die Türkei zu Asien, ist aber mit Europa durch die Geschichte enger verbunden, als es die beiden Brücken über den Bosporus vermuten lassen. Daher wurde sie in das Kapitel *Europa* aufgenommen.

Das alles soll die Lust an Motorradreisen nicht dämpfen, sondern eher noch die Entdeckerfreude anstacheln. Wir wünschen stets vollen Tank und leere Straßen!
*Hans Dölzer*

# Inhalt

Vorwort  8
**Einleitung** Warum mit einem Motorrad?  10

## AFRIKA  16
**Marokko** Rundreise Ceuta – Marrakesch  18
**Kenia** Von Nairobi zum zentralen Hochland und zum Großen Afrikanischen Grabenbruch  22
**Namibia** Von Windhoek zum Etosha-Nationalpark  28
**Südafrika** Kapstadt-Rundreise über die Garden-Route  32

## AMERIKA  36
**Alaska** Rundreise Anchorage – Whitehorse  38
**Kanada** Die Rocky Mountains: Von Calgary bis Jasper  42
**Kanada** Von Montreal bis zur Halbinsel Gaspésie  46
**Kanada** Vom Golf von Maine bis zur Meerenge der Belle Isle  50
**USA** Von Boston zu den Green Mountains  54
**USA** Von Denver nach Durango über die Black Hills  58
**USA** Wilder Westen und kalifornische Küste  64
**USA** Route 66: Von Flagstaff nach Los Angeles  68
**Mexiko** Von der Sierra Madre zur Pazifikküste  72
**Costa Rica** Rundreise um San José  76
**Chile/Argentinien** Patagonien: Reise zum Ende der Welt  80

## ASIEN  84
**Sri Lanka** Rundreise um Colombo  86
**Indien** Von Delhi bis Jaisalmer  90
**Indien** Von Manali bis Leh  94
**Nepal/Tibet** Von Kathmandu bis Lhasa  98
**Thailand** Rundreise Chiang Mai – Goldenes Dreieck  102

**Vietnam** Rundreise nördlich von Hanoi  106
**China** Nördliche Seidenstraße: Xian bis Urumqi  110
**Mongolei** Rundreise Ulan-Bator – Wüste Gobi  114

## AUSTRALIEN  118
**Australien** Von Darwin bis Alice Springs: Nordspitze und Red Centre  120
**Australien** Der Oodnadatta-Track  124
**Australien** Große Küstenstraße  128
**Neuseeland** Rundreise über die Südinsel  132

## EUROPA  136
**Island** Die Ringstraßen-Tour  138
**Norwegen** Von Stavanger bis Andalsnes  142
**Schottland** Von Edinburgh bis Gairloch in den Northwest Highlands  146
**Irland** Von Cork zu den Klippen von Moher  150
**England** Von Kendal bis Whitby  154
**Deutschland** Der Nürburgring  158
**Frankreich** Rundreise um Annecy und entlang der Côte d'Azur  162
**Spanien/Frankreich** Rundreise Bilbao – Perpignan  166
**Spanien** Rundreise in Andalusien  170
**Schweiz/Österreich** Schweizer Alpen und Tirol  174
**Italien** Dolomiten  178
**Slowenien** Von Ljubljana zum Bleder See  182
**Türkei** Rundreise: Istanbul–Anatolien–Küste  186

Adressen und Kontakte  190
Bildnachweis  192

# **Vorwort** von Ted Simon

Es gibt viele Möglichkeiten, diese Welt zu entdecken. Mit einem scharfen Blick und der richtigen Einstellung kann sogar der Weg ins Büro ein Abenteuer sein. Reisen, darauf habe ich immer bestanden, finden in der Fantasie statt. Allerdings steht auch fest: Je weiter weg man reist, desto mehr Dinge können die Fantasie beflügeln.

Meine Reisen begann ich als Heranwachsender direkt nach dem Zweiten Weltkrieg. Damals war mir alles außerhalb von Großbritannien unbekannt. Meine erste Tour, alleine auf einem Fahrrad durch das ausgebrannte und kriegszerstörte Frankreich, war spannender und fordernder als alles, was ich bis dahin unternommen hatte. Diese großartige Erfahrung lockte mich wieder und wieder in unterschiedliche Gegenden Südeuropas, üblicherweise per Zug oder Pkw, und ich wurde süchtig nach Reisen. Wie die meisten musste ich mich auf wenige Urlaubswochen beschränken, doch ich lernte, wie man ungeheuer viel auf eine kurze Zeitspanne komprimieren kann.

In den 1960er-Jahren schließlich begann ich zum ersten Mal eine Reise ohne festgelegtes zeitliches Ende. Einfach zu fahren, wohin mich der Wind blies, hatte eine magische Wirkung; ungeahnte Möglichkeiten schienen sich mir hinter jeder Kurve zu öffnen, und ein blendendes Gefühl von Befreiung versperrte den Weg zurück in ein fades Büroleben. Ich erkannte, dass es mich unerbittlich in die mediterrane Welt zog, und schließlich fand ich eine Möglichkeit, dies zu verwirklichen.

Es war das erste Mal, dass das Reisen mein Leben geändert hatte, doch das Motorrad hatte ich damals noch gar nicht entdeckt. Erst als es mir bestimmt war, auch den Rest der Welt zu erleben, wurde ich mir der Tatsache bewusst, dass dieses Fahrzeug perfekt dazu geeignet war. Seitdem bin ich nur noch selten auf andere Weise gereist. Auf einem Motorrad kann man so viel Spaß haben – vom sanften Kurvenschwingen durch die Kulturlandschaft Europas bis hin zur wilden Einsamkeit des südamerikanischen Altiplano. Für jede und jeden gibt es etwas auf dieser Welt, ebenso wie in diesem Buch.

Eine Reise zu planen, kann genau so viel Vergnügen bereiten wie die Reise selbst. Die Spannung, Orte und Menschen zu entdecken, die man noch nie gesehen hat; zu versuchen, sich auf unvorhersehbare Freuden und Probleme vorzubereiten; die eigenen Reaktionen in gefährlichen Momenten vorauszuplanen – diese Gedanken können für viel Adrenalin sorgen.

Führt eine lange Reise durch unbekannte Gegenden (wie zum Beispiel die Seidenstraßen-Tour ab Seite 110), so lässt sich die Fantasie nur schwer von Überstunden abhalten, vor allem,

**Einleitung**

wenn man alleine fahren möchte. Als ich 1973 meine geplante Reise überschlug, war ich mitunter von Ängsten überwältigt angesichts meiner kompletten Unwissenheit über die Länder und Kulturen, die ich bereisen wollte.

Ich kann mich lebhaft erinnern, wie ich drei Michelin-Karten auf dem Wohnzimmerteppich ausbreitete, die ganz Afrika abdeckten, und bestürzt war von der Ausdehnung des Kontinents. Wie konnte ich nur so tollkühn sein zu denken, ich würde das alles überleben? Doch wie sagte einst jemand: Es gibt keine fremden Orte, nur fremde Besucher. Ich beruhigte mich, indem ich mir sagte: Wie exotisch es auch immer scheinen mochte, wo ich hinfuhr, für die Menschen dort war es nur banaler Alltag. Sie lebten und überlebten dort Tag für Tag – also warum nicht auch ich? Und sobald ich aufgebrochen war, verflüchtigte sich der Gedanke an die Unendlichkeit der Reise, und jeder neue Tag wurde ein eigenes Abenteuer.

Nachdem ich nun so vieles gesehen habe, vergesse ich leicht die enorme Anforderung, die mit dem Aufbruch in eine unbekannte Welt verbunden ist, auch wenn diese nur ein kurzes Stück entfernt ist. Überall wartet das Abenteuer. Selbst als ich aus den Anden und vom Himalaya zurück kam, war ich von den europäischen Alpen beeindruckt.

Es müsste noch so vieles gesagt werden, von Motorrädern, Ausrüstung, Reisen allein oder in der Gruppe, Risiken und Zeitplanung. Doch jeder Fahrer hat seine eigenen Vorlieben, jede Reise ist einzigartig, und der Reiz besteht ja gerade darin, dass du nicht weißt, was dich auf der Strecke erwartet. Allein wichtig ist, aufzubrechen. Und gibt es einen besseren Ort, die Reise zu beginnen, als die Seiten dieses Buches?

# Warum mit einem Motorrad?

*Ich reise nicht, um irgendwo hin zu kommen, sondern um zu fahren.
Ich reise um des Reisens willen. Das Wesentliche ist, unterwegs zu sein.*

Robert Louis Stevenson

Diese oft zitierten Worte umfassen für mich alle Aspekte des Reisens mit dem Motorrad – egal, ob es sich um eine kurze Tour an einem frischen, klaren Morgen handelt oder um ein jahrelanges Abenteuer zum anderen Ende der Welt. Die Erinnerungen, die du mitnimmst, handeln vom Fahren; von jenen Tagen, als dich deine Maschine mit dem Hochgefühl des Fliegens über Pässe trug; oder davon, wie du für wenige Kilometer Stunden benötigt hast. Doch der gewaltige Eindruck dieser Leistung, wenn du am Ende eines harten Tages dein Motorrad müde abpackst, lässt dich am nächsten Morgen zu neuen Touren aus dem Bett springen.

An das Fahren erinnerst du dich am stärksten, an die unglaublichen Ausblicke vom Sattel deiner Maschine, an die Menschen, die du auf der Reise trafst. Mit dem Motorrad zu reisen, ist eine wunderbare Art, Menschen zu begegnen. Kinder begeistern sich für Motorradfahrer, andere Zweiradreisende halten an für einen Schwatz, und die Maschine öffnet die Herzen der Menschen, die du unterwegs triffst, für eine Unterhaltung mit dir, dem völlig Fremden. Motorräder sind in vielen Ländern notwendige Transportmittel. Viele Einheimische besitzen auch eines, und so entsteht sofort eine Verbindung, ein gemeinsames Interesse. Motorradfahren ist außerdem eine bemerkenswerte persönliche Erfahrung, nahezu eine Form von Meditation. Hast du eine Beziehung zu deiner Maschine aufgebaut, fühlst du dich auf ihr nie allein.

Auf einem Motorrad bist du Teil der Landschaft, offen gegenüber den Elementen, den Geräuschen und der Oberfläche der Straße. Du kannst ein verendetes Tier im australischen Outback auf zehn Kilometer riechen, das Aroma eines warmen Couscous in einem geschäftigen Bazar, lange bevor du es siehst. Du kannst dein Motorrad überall abstellen, in einer Hotel-Lobby oder gar in deinem Zimmer. Wenn du Länder oder weite Entfernungen überbrücken musst oder vor einer geschlossenen Grenze stehst, gibt es immer die Möglichkeit, die Maschine per Zug oder Schiff zu transportieren.

Viele Menschen träumen von Motorradreisen, aber Zweifel an ihren technischen oder körperlichen Fähigkeiten halten sie davon ab. Doch du musst kein Enduro-Crack sein und kein begnadeter Mechaniker, der einen Motor am Straßenrand zerlegen kann. Du selbst bestimmst deine Gangart, und du wirst immer jemanden finden, der dir im Notfall dabei hilft.

▷ *Auf den Pisten Südafrikas.*

## Einleitung

Was Stürze betrifft – nun, wenn du die Pisten des australischen Outbacks unter die Räder nehmen willst, so werden sie wahrscheinlich passieren. Aber ist das eine Katastrophe? Selbst wenn ich ein Motorrad besitze, das ich nicht selbst wieder aufheben kann, werde ich immer jemanden finden, der mir hilft. Solche Ereignisse bringen mir neue Freunde und stärken den Glauben an die Hilfsbereitschaft fremder Menschen.

### Die Reisen

Dieses Buch geht davon aus, dass das Reisen mit dem Motorrad heutzutage ein erfüllbarer Traum geworden ist. Jede der vorgestellten Touren kann Teil durchschnittlicher zwei- bis dreiwöchiger Ferien sein – selbst mit der Familie – oder ein Kurzurlaub im eigenen Land. Wenn du etwas mehr Zeit hast, können viele der Routen miteinander verbunden werden. Es ist nicht notwendig, deinen Beruf an den Nagel zu hängen, alle Brücken hinter dir abzubrechen, um mehrere Jahre lang die entferntesten Gegenden der Welt zu erkunden. Wenn du dies allerdings kannst und willst, kann ich es dir nur empfehlen!

▽ Capitol-Reef-Nationalpark, USA.

## Warum mit einem Motorrad?

Die vorgestellten Touren sind keine ultimative Liste der weltbesten Motorradreisen, sondern eine kleine Auswahl. Ich habe Länder ausgewählt, die derzeit den meisten Nationalitäten offen stehen und in denen Motorräder zu mieten sind oder organisierte Touren angeboten werden. Du wirst sowohl einige der klassischen Reiseziele finden als auch Länder, an die man nicht sofort denkt. Weiter habe ich einige Enduro-Touren mit aufgenommen. Manche Staaten, beispielsweise Marokko, bieten sowohl Asphaltrouten als auch Pisten an. Einige Strecken gelten als schwierig wegen des Straßenzustands oder der örtlichen Verkehrsgewohnheiten. Andere Länder sind ideal für entspanntes Cruisen und verbinden breite Straßen mit Sehenswürdigkeiten, komfortablen Unterkünften und gutem Essen. Und schließlich gibt es Touren für den offenen Gashahn. Manche Straßen führen dich an die schönsten Flecken unserer Erde.

Unmöglich können alle herrlichen Strecken vorgestellt werden, die die hier erwähnten Länder bieten. Doch die besprochenen Touren geben einen Geschmack davon, welche Art des Reisens du dort erwarten kannst. Viele fantastische Motorradziele fanden keinen Eingang in das Buch, entweder, weil man dort keine Maschine mieten kann oder bei geführten Touren keine gestellt wird, weil die Strecke mehr Zeit benötigt als einen durchschnittlichen Urlaub oder weil die derzeitige politische Situation nicht geeignet ist. Der Karakorum Highway in Pakistan bietet eine unglaubliche Fahrt, doch der Mangel an Mietmotorrädern und die aktuellen Reisebeschränkungen schlossen seine Aufnahme aus. Dennoch: Diese Hindernisse können – und werden hoffentlich – verschwinden und damit weitere Ziele für unerschrockene Motorradreisende öffnen.

△ *Es ist schwer, der Verlockung einer freien Strecke zu widerstehen* (links).

△ *Fährfahrt mit Einheimischen in Indien* (rechts).

## Einleitung

Die Recherche für dieses Buch hat unglaublichen Spaß gemacht und Erinnerungen an meine erstaunlichen Reisen und die guten Freunde geweckt, die ich dabei getroffen habe. Ich habe mit anderen Motorradfahrern rund um den Erdball über ihre Lieblingstouren und Erlebnisse gesprochen. Ich traf Reiseanbieter, die ihr Unternehmen einzig wegen des Vergnügens gründeten, andere Fahrer kennenzulernen und ihnen die herrlichen Strecken ihres Landes zu zeigen. Was all diese Menschen gemeinsam haben, ist ihre Begeisterung und Leidenschaft für das Motorradfahren.

## Das Motorrad

Einer der Vorteile eines Mietmotorrades ist, dass du eine völlig andere Maschine fahren musst als deine eigene zu Hause. Hier und da habe ich bei den Tourbeschreibungen die Art des Motorrads erwähnt, die für die jeweilige Reise geeignet erscheint. Wenn du zu den »Gebückten« gehörst, die bisher nur Sportmaschinen fuhren, dann rate ich dir zu einer Harley in den USA; war dein Untersatz immer eine Enduro, dann suche dir in Indien eine klassische Enfield Bullet. Das Motorrad deiner Wahl kann deine Erfahrung steigern und dich vielleicht sogar von einer Maschine überzeugen, die du sonst nie bestiegen hättest.

Hast du dich je gefragt, wie es wäre, Schotterpisten mit einer weißrussischen Minsk 125 zu bewältigen? Probier es aus – möglicherweise bist du positiv überrascht.

▽ *Begegnung mit Afrikas Tierleben.*

## Warum mit einem Motorrad?

Hast du Lust, dein eigenes Motorrad zu verwenden, so ist es völlig unnötig, dir einen neuen Tourer mit allem Zubehör zuzulegen. Wenn du mit deinem gewohnten Krad zufrieden bist, dann benutze es auch. Jedes Motorrad kommt überall durch; allenfalls sind einige besser geeignet für anspruchsvolle Pisten.

Es gibt eine erstaunliche Vielzahl großartiger Maschinen, und die Wahl zwischen ihnen hängt letztlich von deinen Finanzen ab. Bedenke deine Reiseroute, den nötigen Komfort und die Gepäckaufnahme. Die Off-Road-Qualitäten und das Spritvolumen mögen auch eine Rolle spielen. Doch es gibt keine festen Regeln für die Wahl des Motorrads. Alle Typen können für Reisen rund um den Erdball genutzt werden.

## Reisevorbereitungen

Das Internet bietet eine enorme Erleichterung bei der Planung von Motorradreisen. Mit einem Mausklick kann man Mietfahrzeuge, organisierte Touren oder die Verfrachtung der eigenen Maschine buchen. Auf dem Bildschirm kannst du von Reisen anderer Leute lesen und per E-Mail Fragen rund um den Globus schicken. Dieses Buch befasst sich nicht mit allen Details von Visa, Carnets de Passage oder Gesundheits-Checks. Diese Dinge variieren von Land zu Land und können sich täglich ändern. Die Kontaktadressen auf den Seiten 190/191 sollen dir Starthilfe geben, den Rest musst du selber herausfinden. Die Hälfte des Vergnügens jeder Motorradreise ist die Streckenplanung und die Wahl des Fahrzeugs. Jede Reise ist einzigartig, und die letzte Entscheidung über Route und Maschine fällst du selbst.

△ *Auch wenn du alleine aufbrichst, wirst du unterwegs Gleichgesinnte treffen, die mitreisen.*

## Zum Schluss

Wenn du dein Motorrad bepackst, die Erwartung von Abenteuern im Bauch, die Herausforderung des Fahrens vor Augen und das Wissen im Kopf, dass dir und deiner Maschine die Welt offen steht – diese Momente können nur Motorradfahrer beschreiben. Der Beginn jeder Reise auf zwei Rädern ist äußerst spannend, und ich hoffe, dass dir die folgenden Touren einen Anstoß geben, dem Alltag zu entfliehen und die Welt zu entdecken. Motorradfahren ist auf Reisen die zweifellos schönste Form der motorisierten Fortbewegung.

*Dünenfahrt in Märchenlandschaft* (folgende Doppelseite).

# AFRIKA

# Rundreise Ceuta – Marrakesch

*Eine Fahrt über die Atlas-Berge, durch die Sahara und entlang der wilden atlantischen Küste.*

Das geheimnisvolle Marokko liegt so nahe an Europa und scheint doch Welten und Jahrhunderte entfernt. Die farbenprächtigen Bazare der großen Städte, die Sahara und die üppigen palmengesäumten Oasen hinterlassen einen eindrucksvollen Geschmack des nördlichen Afrika. Es gibt Unterkünfte für jedes Budget, von Campingplätzen am Rand der Wüste bis zu luxuriösen *Riads* (traditionelle marokkanische Appartements mit Innenhof-Gärten). Die Vielfalt von Landschaft und Kultur ist schwer zu überbieten und macht einen Marokko-Besuch zu einer abwechslungsreichen Erfahrung.

▽ *Der Pass Tizi n'Test im Hohen Atlas.*

# Marokko

Marokko ist ideal für die Flucht aus dem kalten mitteleuropäischen Winter und bietet eine spannende Auswahl von Motorrad-Touren. Voraussetzungen an Zeit und Fähigkeiten spielen angesichts der Möglichkeiten keine Rolle. Zwei der schönsten Asphaltstrecken führen über die hohen Pässe von Tizi n'Tichka und Tizi n'Test, und beide verbinden die Wüstenstädte des Südens mit der Großstadt Marrakesch. Endurofahrer finden Maultierpfade, trockene Flussbetten, Tiefsand-Pisten und eine Menge *fesh fesh* (Wüstenlöcher, gefüllt mit puderfeinem Sandstaub). Die Strecken scheinen endlos, weshalb die ehemalige Rallye Paris–Dakar oft durch Marokko führte. Kraftstoff ist im ganzen Land erhältlich, wobei es empfehlenswert ist, bei einer Wüstentour die Tankstopps genau voraus zu planen.

## Die Route

Diese Fahrt dauert rund zwei Wochen. Bei herrlichem Straßenverlauf verbindet sie Stadtbesichtigungen, Wüsten- und Gebirgsszenen mit wildromantischen atlantischen Stränden.

Verlasse die Fähre in Ceuta (das noch zu Spanien gehört) und reise am nördlichsten Ende Marokkos ein. 100 km geht es nun nach Süden durch das wilde und einsame Rif-Gebirge nach Chefchaouen, eine malerische Stadt mit schmalen Gassen und weißgetünchten Häusern, die sich zwischen zwei Berge duckt. Genieße ein paar Tage lang die entspannte Atmosphäre und brich dann südlich auf nach Fez. Die wenig befahrenen, aber eindrucksvollen Serpentinen der Route de L'Unite über Ketama schlängeln sich über 270 km durch das wilde und zerklüftete Herz des Rif. Marihuana (arabisch: *kif*) bedeckt die Hügel und ist die Haupt-Einnahmequelle der Region.

Ursprünglich war *Medina* ein Begriff für »Innenstadt«. Heute bezeichnet das Wort den arabischen Teil jeder marokkanischen Stadt. Die *Medina* von Fez ist eine der ausgedehntesten der Welt. Tausende von Handwerkern arbeiten im Labyrinth der Bazare (*Souks*), und ihre winzigen Läden quellen auf lärmende Gassen, die zu Palästen, Moscheen und *Medersas* (Koranschulen) führen. Lass dein Motorrad (und die schweren Stiefel!) im Hotel zurück und verliere dich in Marokkos ältester Großstadt.

Richtung Sahara führt nun eine 435 km lange Strecke südlich nach Erfoud über den Mittleren und Hohen Atlas. Der Verkehr ist gering und die Straße meist gut, so wird die Fahrt zügig und zur Freude. Ab Er Rachida, nach dem Atlas-Gipfel, gehen die Ebenen und Palmenwäldchen langsam in die Sahara über. Von Erfoud zieht es dich es hinaus in die Sanddünen des Erg Chebbi, wo du deine Fahrkünste im Sand trainieren oder das Motorrad gegen ein Kamel tauschen kannst, mit dem du ein paar Tage durch die Wüste reitest.

Nach dem Sandkastenspiel halte dich etwa 125 km westlich bis zu den prachtvollen Schluchten von Todra und Boumalne du Dades. Straßenmaschinen haben kein Problem mit der 25 km gepflasterten Straße an den Eingängen, während Enduro-Fahrer den gut ausgebauten Pisten folgen können, die beide Schluchten verbinden.

△ *Ein belebter Souk in Marrakesch (Marokko).*

# Afrika

Es gibt ein paar kleine Hotels in den Schluchten. Übernachte dort und betrachte, wie die untergehende Sonne die Schluchten karminrot färbt, während du an deinem »Berber-Whisky« schlürfst.

Halte dich von Boumalne du Dades 135 km westlich nach Ouarzazate, der größten Stadt im Süden, wo eine Fahrt nach Marrakesch über den eindrucksvollen Pass Tizi n'Tichka beginnt. Die kurvenreiche und gut ausgebaute Straße von 170 km ist von Nomadendörfern und verfallenden *Kasbahs* (Zitadellen) gesäumt. Die Strecke ist leicht an einem Tag zu bewältigen, doch zahlreiche Ziele locken vom direkten Weg ab. Ungefähr eine Stunde nördlich von Ouarzazate führt beispielsweise eine 20 km lange Stichstraße zur *Kasbah* von Ait Benhaddou, wo die Filme »Lawrence von Arabien« und, etwas aktueller, »Gladiator« gedreht wurden. Eine Übernachtung im Nachbardorf beschert dir beim Frühstück unvergessliche Blicke auf die *Kasbah*.

Zurück auf der Hauptstrecke gib auf einen Abzweig acht, der etwa 50 km weiter nördlich auf eine Schlaglochpiste führt. Der 44 km lange Weg bringt dich zur verfallenden *Kasbah* von Telouet, gebaut vor dem Hintergrund schroffer Felsen, die im schwindenden Licht fast schwarz erscheinen.

## Wann & wie

**Motorrad:** Man kann problemlos mit der eigenen Maschine einreisen. Mietmotorräder gibt es nur recht begrenzt, stattdessen werden von Deutschland aus geführte Touren inklusive Maschinen angeboten.

**Jahreszeit:** Marokko ist ein Ganzjahresziel. Von Juni bis September ist es allerdings recht heiß, vor allem in der Wüste. In den Bergen ist Schnee von November bis Februar nicht ungewöhnlich.

**Und anschließend:** Eine Fähre von Tanger oder Ceuta aus setzt dich nach kurzer Fahrt in Andalusien (Südspanien) ab.

Für ein Geländemotorrad gibt es eine anspruchsvolle Piste zwischen diesen beiden *Kasbahs*. Nun fahre zurück zur Hauptstrecke und nimm die restlichen 110 km nach Marrakesch unter die Räder. Aber Achtung: Die labyrinthartigen Gassen der Altstadt können einen zur Verzweiflung bringen. Ein paar Tage lang sollte man die Atmosphäre dieser mittelalterlichen Stadt in sich aufsaugen, die unberührt scheint von den Jahrhunderten. Erlebe, wie Akrobaten, Geschichtenerzähler und Schlangenbeschwörer den Touristen wie den Einheimischen gekonnt *Dirhams* aus der Tasche ziehen, etwa auf dem Djemaa El Fna (Platz der Geköpften).

Wenn du allerdings nicht genug bekommen kannst von kurvenreichen Bergstraßen, dann belade dein Motorrad und starte erneut Richtung Süden zum fabelhaften Pass Tizi n'Test. Die Strecke durchschneidet das Atlas-Gebirge und verbindet Marrakesch mit der Souss-Ebene und der Wüste dahinter. Die über 220 km von Taroudant bis zum Souss-Tal sind gespickt mit Serpentinen und atemberaubenden Ausblicken.

Von Taroudant geht es eine Stunde lang westlich Richtung Küste. Die Nordroute nach Ceuta schmiegt sich an den Atlantik mit gut ausgebauten Straßen und sogar einem Stück Autobahn. Zahlreiche Städtchen und Dörfer entlang der Küste und das weißgetünchte Essaouira, 260 km entfernt von Taroudant, sind ein guter Platz zum Entspannen für ein paar Tage.

400 km lang die Küste hoch nach Norden geht es nach Rabat. Mit seiner Mixtur aus französischen Boulevards und historischen arabischen Bauten wirkt Rabat erstaunlich schläfrig für eine Hauptstadt. 320 km sind es von hier nördlich zurück nach Ceuta. Auf der Fähre über die Straße von Gibraltar aufs europäische Festland planst du sicher bereits deine nächste Reise durch das Land, das du gerade verlässt.

△ *Boumalne du Dades im Abendlicht.*

▽ *Marokko ist ein ideales Winterziel.*

# Von Nairobi zum zentralen Hochland und zum Großen Afrikanischen Grabenbruch

*Fahrt von Nairobi ins dicht begrünte zentrale Hochland und zu den schneebedeckten Höhen des Mount Kenia; über den Äquator auf atemberaubenden Straßen, die Seen und Schluchten des Großen Afrikanischen Grabenbruchs anschließen.*

Das zentrale Hochland und der Große Afrikanische Grabenbruch bieten eine erstaunliche Vielfalt von Landschaften und wilder Natur. Durch tropischen Dschungel und üppiges Buschwerk geht es zu bewaldeten Klippen und spektakulären Tälern, die ausgedehnte Seen mit wimmelnden Vogelkolonien umschließen. Die herrlichen Akazienwälder des Nakuru-Nationalparks, bekannt durch den Film *Jenseits von Afrika*, bersten schier vor einer unglaublichen Vielfalt von Wildtieren.

Die eindrucksvollen Unterkünfte in Kenia sind ein Vergnügen nach einer langen Fahrt. Schlüpfe aus den Stiefeln und entspanne dich stilvoll in luxuriösen Appartements oder Zeltplätzen mit atemberaubenden Ausblicken auf Wasserstellen oder Berggipfel.

Gut ausgebaute Straßen wechseln sich ab mit Schlaglochpisten. Anders als in manchen Teilen Afrikas, wo Fahrwege durch ein wenig Regen rasch unpassierbar werden, weisen die großen Straßen Nord-Kenias durchweg einen guten Belag auf. Diese afrikanische Route durch Berge, Täler und Wildparks führt über Strecken, die zwar nicht perfekt sind, doch weder Offroad-Erfahrung verlangen noch eine voll ausgerüstete Enduro mit Sprit für eine Woche. Das Fahren macht Freude, und du kannst dir Zeit lassen auf dem Weg über fette, rote Vulkanerde, die mit der üppigen grünen Vegetation angenehm kontrastiert.

## Die Route

Veranschlage für die Strecke sieben bis zehn Tage, wobei Ausflüge im Hochland eingerechnet sind. Von Nairobi geht es 245 km nach Nordost Richtung Mount Kenia. Die Gegend wird intensiv bewirtschaftet, und Kenias exzellenter Kaffee wird hier auf fetter Vulkanerde angebaut. Während der Fahrt hast du in einiger Entfernung den Mount Kenia mit seinen beiden Gipfeln vor dir, die oft in Wolken gehüllt sind. Der mächtige Berg ist mit 5199 Metern der zweithöchste Afrikas. Mach Station in der Nähe der Stadt Naru Moro und miete Führer zum Gipfel, oder unternimm eine Tageswanderung zu den tiefer gelegenen Hängen durch üppige tropische Vegetation.

▷ *Der beeindruckende Große Afrikanische Grabenbruch.*

△ Flamingos am Bogoria-See in Kenia.

▽ Offizielle Äquatorlinie in Nanyuki, Kenia.

Von Naru Moro halte dich weiterhin nördlich, bis du nach etwa einer Stunde in Nanyuki dem Äquator-Schild begegnest. Fahre für rund 100 km westlich am Äquator entlang auf einer meist unbefestigten Straße nach Nyahururu, mit 2360 Metern die höchst gelegene Stadt Kenias. Von dort geht es in südwestlicher Richtung hinunter in den Großen Afrikanischen Grabenbruch (Great Rift Valley), wo du den Nakuru-Nationalpark noch vor Sonnenuntergang erreichst. Außer für seine Flamingokolonien ist Nakuru berühmt für schwarze und weiße Nashörner. Sogar Leoparden sind häufig zu sehen. Stell dein Motorrad für einige Tage ab und nimm die Ausflüge wahr, die im und um den Park herum angeboten werden.

Die Temperaturen steigen dramatisch, und die Vegetation wird spärlicher, während du die 60 km von Nakuru zum Bogoria-See unter die Räder nimmst, ein kohlensäurehaltiges Wasser mit heißen Quellen, Geysiren und Dampf-Fontänen. Tausende von Flamingos und anderen Vögeln bevölkern den See, der in felsige Landschaft eingebettet ist.

Der Frischwasser-See Baringo, weniger als eine Stunde nördlich von hier, steht als Oase mit üppigem Grün in starkem Kontrast dazu. Entspanne ein paar Tage am See und erkunde die Gegend mit dem Motorrad ohne Gepäck. Nimm teil an einem frühmorgendlichen Boots-Ausflug, bei dem du Fischadler, Krokodile und Nilpferde beobachten kannst. Später ist Zeit für eine 273-km-Rundtour über die Tugen-Hügel ins Kerio-Tal. Von der Stadt Marigat, zentral zwischen beiden Seen gelegen, führt die befestigte Straße von den Elgeyo-Klippen hinab in das herrliche Kerio-Tal. Die Ausblicke entlang der Straße über Schluchten und Kämme sind fabelhaft. Kehre schließlich zurück an den Baringo-See für einen Absacker, bei dem du die Nilpferde beobachten kannst, wie sie das Wasser verlassen und grasen.

# Kenia

◁ *Begegnung mit einheimischen Massai in Kenia.*

*Afrikanischer Sonnenuntergang (folgende Doppelseite).*

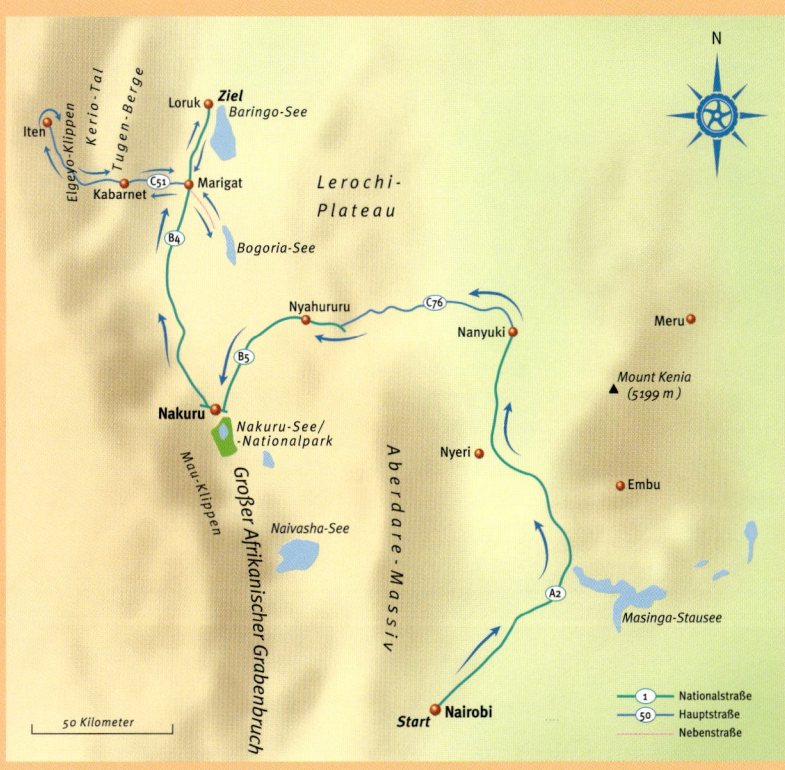

**Motorrad:** Man kann problemlos mit der eigenen Maschine einreisen. In Nairobi gibt es Mietmotorräder. Geführte Touren inklusive Maschinen werden ebenfalls angeboten.

**Jahreszeit:** Beste Reisezeit ist Dezember bis Mitte März, wobei es im Dezember etwas Regen geben kann. Richtige Regenzeit ist von April bis Mai.

**Und anschließend:** Zu anderen hier beschriebenen Touren gibt es keine Landverbindung.

## Wann & wie

25

# Von Windhoek zum Etosha-Nationalpark

*Diese Tour führt von Windhoek zu den Sanddünen der namibischen Wüste, bevor sie nach Norden schwenkt durch die weitgestreckte und trockene Gebirgsregion von Damaraland bis zum Etosha-Nationalpark.*

Namibia ist ein Land der Kontraste und eines der bestgehüteten Geheimnisse Afrikas. Hier fährst du über Tafelberge, durch Mondlandschaften und offene Ebenen und genießt das aufregende Gefühl von Weite und Freiheit. Entdecke die enormen Sanddünen der ältesten Wüste der Erde und die von der Künstlerin Natur geformten Felsen, die mit kühlen Schluchten die sengende Hitze tausende von Jahre überdauert haben. Lass dich ein mit den stolzen und schönen Menschen, die dieses uralte Land bewohnen. Höhepunkte sind die unvergesslichen Anblicke seltener Wüstenelefanten und schwarzer Nashörner, die vor dir den Weg queren und dieses weite, wundervolle Land durchstreifen.

▽ *In Namibia erwartet dich eine beeindruckende Wüstenlandschaft.*

Namibia

△ *Das Panorama von den Fußrasten aus ist häufig atemberaubend.*

Ein Netz gut angelegter Schotterwege überzieht das Land. Etwa 70 Prozent der Straßen Namibias sind nicht geteert. Motorradfahren auf dem losen Mix aus Sand und Kies ist nicht schwer, obschon man Verstand und Konzentration nicht zu Hause lassen sollte. Du wirst trockene Flussbetten vorfinden, Sandflächen und leere Pisten, die sich bis zum Horizont hinziehen. Der Hitzedunst flimmert über dem Land, während du weite, trockene Wildnis durchquerst, eine Staubfahne hinter dir. Es gibt Unterkünfte und überzeltete Plätze, doch nimm dein eigenes Zelt ebenfalls mit: Diese Motorradreise umfasst einsame Fahrten am Tage und Nächte unter Tausenden von Sternen neben der Glut eines Lagerfeuers.

## Die Route

Sieben bis zehn Tage braucht es, um das Motorradfahren mit dem Besuch von Namibias größten Sehenswürdigkeiten zu verbinden. Fahre eine Strecke von etwa 400 km schnurgerade von Windhoek südwestlich Richtung der namibischen Wüste. Die Schotterstrecke erklimmt den Kupferberg-Pass. Vom Spreetshoogte-Pass hast du fantastische Ausblicke, bevor es hinuntergeht in die namibische Wüste bei Sesriem, dem Tor zu den höchsten Dünen der Erde. Schlage dein Zelt auf im Schatten der Akazien. Lass die Sterne der Nacht auf dich wirken und krieche früh wieder aus dem Schlafsack, um den Sonnenaufgang über den Dünen zu bestaunen.

## Afrika

Genieße die kühle Wüstenluft, während du auf einer Straße ins Tsauchab-Tal fährst, die 60 km lang geschottert ist und danach fünf Kilometer durch schweren Sand führt, hin zu den Dünen von Sossusvlei. Es gibt dort einen Zubringerdienst, falls du dir diese letzte schwierige Strecke nicht zutraust. Die Dünen sind bis zu 300 Meter hoch, was alles andere zwergenhaft erscheinen lässt. Immer in Bewegung und durch den Wind geformt, verändern sie ständig ihre Struktur. Ihre Farben wechseln im Tagesverlauf je nach dem Stand der heißen Wüstensonne, bis sie abends glühend rot werden.

Halte dich von Sesriem aus etwa 300 km nordwärts und fahre auf den geschotterten Pisten über den Gaub-Pass und durch die spektakuläre, unfruchtbare Kuiseb-Schlucht. Das kurze Endstück der Strecke von Walfischbay nach Swakopmund schließlich ist befestigt. Letzteres ist ein charmantes Küstenstädtchen und Sportzentrum. Es bietet sich an, einen Tagesausflug zu den nahen Dünen zu unternehmen, um auf Quads oder Sommer-Ski im Dünensand zu fahren.

Von Swakopmund aus nördlich folgt die Straße etwa 75 km der Küste zur Henties-Bucht, wo du ins Landesinnere abbiegst. Weit in die trockene Wüste von Damaraland geht die Fahrt auf schnurgeraden Pisten und über trockene Flussbetten. In der Gegend von Twyfelfontain führen staubige Wüstenwege zu uralten Felszeichnungen und versteinerten Wäldern mit einem Alter von über 200 Millionen Jahren.

▽ *Das Bergpanorama Namibias sorgt für eine unvergessliche Reise* (unten).

▽ *Auf Quads sind Dünen leichter zu bewältigen als auf Motorrädern* (rechte Seite unten).

Der lange Tag endet am Fuß des Brandbergs, der in der sinkenden Sonne aufglüht. Schlage dein Zelt am Ufer des Aba-Huab-Flusses auf, und entzünde ein Lagerfeuer unter dem weiten afrikanischen Himmel.

Früh am nächsten Morgen geht es hinein in die weit gestreckten Ebenen des nördlichen Damaralands auf der Suche nach den scheuen Wüstenelefanten. Komfortable Zeltlager sind über diese abgelegene Region verstreut, und in vielen davon werden geführte Safaris angeboten.

Lege in Palmweg einen Tankstopp ein, bevor du über den Grootberg-Pass etwa 250 km nach Osten fährst, um auf die C38 zu stoßen, die zur Haupt-Einfahrt des Etosha-Nationalparks führt. In komfortablen Unterkünften kannst du den Staub abspülen und entspannen. Schließe dich einer geführten Tour durch den Park an, um seltene und gefährdete Tierarten zu beobachten, die den größten Wildpark des südlichen Afrika durchstreifen.

# Namibia

## Wann & wie

**Motorrad:** Man kann problemlos mit der eigenen Maschine einreisen. In Windhoek gibt es Mietmotorräder. Geführte Touren inklusive Maschinen werden ebenfalls angeboten.

**Jahreszeit:** Beste Reisezeit ist Mai bis September. Die Regenzeit zieht sich von November bis März.

**Und anschließend:** Nach Südafrika ist es nicht weit: 1500 km Landweg oder ein zweistündiger Flug von Windhoek nach Kapstadt.

# Kapstadt-Rundreise über die Garden-Route

*Eine Rundtour, die das West- und das Ostkap Südafrikas einschließt und, an der Küste entlang, über Ebenen und durch Weinanbaugebiete führt.*

Das schöne, kosmopolitische Kapstadt liegt geduckt im Schatten des Tafelbergs. Von dort aus bietet sich eine Motorradtour zum West- und Ostkap an. Die Straße schlängelt sich durch die stillen Täler der Weinberge, folgt der küstennahen Garden Route über bewaldete Hügel und ausladende Sandstrände, bevor sie ins Landesinnere zu den weiten Ebenen und dem endlosen Himmel der Karoo-Landschaft führt. In der Gegend gibt es Unterkünfte für jeden Geschmack, je nach Geldbeutel. Man kann eine unglaubliche Vielfalt von Meeresfrüchten und natürlich den preisgekrönten Wein Südafrikas genießen.

Das Land ist seit langem ein beliebtes Motorradziel. Die große Auswahl an Motorrad-Mietstationen und hervorragende Straßen machen es leicht, hinzufliegen und dort zu fahren. West- und Ostkap bieten breite Asphaltstraßen, die sich durch eine atemberaubende Landschaft winden. Das mediterrane Klima ist bei allen Motorradfahrern besonders beliebt. Auch bieten sich viele Möglichkeiten, auf Pisten abzubiegen und zu testen, was die gemietete Enduro zu leisten vermag.

## Die Route

Besichtigungen, Spaziergänge und Erholung eingerechnet, benötigt die Rundreise etwa zwei Wochen. Sie führt über Asphalt, bietet aber auch Pisten-Abstecher.

Nach dem Verlassen Kapstadts beginnt der Spaß östlich der Hout-Bucht auf der Straße Chapman's Peak Drive: Zehn Kilometer spannende Fahrt an Klippen entlang mit unglaublichen 114 Kurven, den wild rauschenden Ozean zu Füßen. Der Weg führt zum Kap der Guten Hoffnung, in dessen Nähe, am Cape Point, sich Atlantik und Pazifik treffen sollen. Steig für ein paar Minuten ab, um den fantastischen Ausblick auf brechende Wellen und die windumtoste Küstenlinie aufzunehmen.

Verlasse das Kap über False Bay und folge der Küstenstraße nach Hermanus, das etwa 115 km östlich von Kapstadt liegt und berühmt ist für seine Fischrestaurants. Häufig lassen sich dort Wale beobachten. Eine Strecke von 150 km mit weiten Kurven führt ein wenig ins Land, bevor sie hinabführt nach Kap Agulhas, dem südlichsten Punkt Afrikas (und damit der eigentlichen Wasserscheide Atlantik-Pazifik). Hier – oder etwas weiter die Küste entlang im hübschen Städtchen Arniston – kannst du die Nacht verbringen.

▽ *Am Cape Point sollen sich Atlantik und Pazifik treffen.*

# Südafrika

Eine Fahrt von 250 km nach Nordosten auf der N2 führt dich zur Mossel-Bucht, dem Beginn der berühmten Garden-Route, die sich 185 km bis zum Fluss Mouth erstreckt. Die Straße windet sich durch stille Landschaften, am Fuß felsiger Klippen und an wilden Sandstränden entlang. Man bewältigt sie spielend in wenigen Stunden, doch die große Auswahl an Hotels und Restaurants an der Strecke erlaubt eine mehrtägige Fahrt ohne Hektik. Adrenalin-Junkies können die Zeit zum Bungee-Springen nutzen oder im Ozean mit Haien um die Wette schwimmen.

Auf etwa halber Strecke bietet sich die hübsche Stadt Knysna für eine Übernachtung an. Sie ist umschlossen von einer Lagune, die sich an den bizarren »Köpfe«-Klippen in den Pazifik öffnet. Zum Abendessen kann man die Spezialität Knysnas genießen: frische Austern.

Zum Ostkap verlässt du kurz die N2 und fährst ein kleines Stück auf der alten kurvenreichen Straße zurück über die Pässe Grootrivier und Bloukrans. Dann geht es hinab zum Mouth-Fluss und dem Tsitsikamma-Nationalpark, einem Gebiet mit felsiger Küste, uralten Wäldern und einem Meeres-Schutzgebiet, das sich über fünf Kilometer bis zur See erstreckt.

Weitere 200 km nach Osten triffst du auf Port Elizabeth, wo du die Küste verlässt und etwa 300 km ins Landesinnere Richtung Karoo-Naturreservat und zur Halbwüste des afrikanischen Buschs fährst.

▽ *Die Sanddünen in Südafrika reichen zum Teil bis ans Meer.*

Afrika

Eine Tour nördlich über den Olifantskop-Pass führt zum Abzweig Richtung Addo-Nationalpark. Dort hat man Chancen, Großwild zu begegnen.

Zurück auf der Hauptstraße, geht es weiter nach Norden über den Sneeuberg, die Pässe von Wapadsberg und Nauderberg, bevor du im Herzen des Karoo-Gebiets auf die historische Stadt Graaf-Reinet triffst. Kurz hinter der Stadt folge einem schmalen, befestigten Weg, der die Berge erklimmt. Er bietet atemberaubende Sonnenuntergangsperspektiven, bevor er wieder hinunter führt in das »Wüste Tal« (Valley of Desolation). Übernachten kann man in einer der traditionellen Unterkünfte auf einer Schaf-Farm.

Weite Horizonte umgeben dich bei der schnellen 300-km-Reise über flache Ebenen nach Oudtshoorn, der heimlichen Hauptstadt des »Little Karoo«. Oudtshoorn wurde in der viktorianischen Zeit durch die damals beliebten großen Vogelfedern reich. Grundlage waren Straußenfarmen. Heute kann man hier den Sattel seines Motorrads gegen den eines solchen Riesenvogels tauschen.

Ist der Adrenalin-Ausstoß dabei noch nicht groß genug, so fahr zur Hölle: Gamkaskloof, im Volksmund »Die Hölle«, ist eine eindrucksvolle Piste, die zu einem dramatischen Tal

## Wann & wie

**Motorrad:** Man kann problemlos mit der eigenen Maschine einreisen. In Kapstadt gibt es Mietmotorräder. Geführte Touren inklusive Maschinen werden ebenfalls angeboten.

**Jahreszeit:** Beste Reisezeit ist März und April oder September und Oktober. Der meiste Regen fällt von Mai bis August.

**Und anschließend:** Nach Namibia ist es nicht weit: 1500 km Landweg oder ein zweistündiger Flug von Kapstadt nach Windhoek.

führt, das Teil des Naturreservats Swartberg ist. Es liegt 70 km weiter nördlich, und man erreicht es von der Höhe des Swartberg-Passes, der zwischen Oudtshoorn und Prinz-Albert-Stadt liegt. Für eine Nacht in der Hölle gibt es Campingplätze im Tal.

Alternativ kannst du eine Tour zum Swartberg-Pass auf einer serpentinenreichen unbefestigten Piste unternehmen und dann zurück nach Oudtshoorn über den Meiringspoort-Pass fahren. Die befestigte Straße kreuzt den Groot-Fluss 26-mal. Es gibt eine Reihe herrlicher Strecken, die sich durch eine wilde, raue Landschaft schlängeln und dabei die Berge und Täler des Kleinen Karoo miteinander verbinden. Wenn du Oudtshoorn westwärts auf der Route 62 verlässt, kannst du sie alle erleben.

Eine 220-km-Fahrt bringt dich nach Robertson, einem der vielen lieblichen Städtchen in den Weinbergen, die nur wenige Stunden östlich von Kapstadt entfernt liegen. Bleibe auf einer der traditionellen Farmen, genieße die landesüblichen Speisen und den Wein, und besuche die historischen Gehöften und Weinberge, die sich an die Füße der hohen Berge schmiegen.

△ *Fahrt durch »die Hölle«.*

◁ *Wenn du Glück hast, werden Begegnungen in freier Wildbahn Teil deiner Afrika-Abenteuer.*

*Fahrpause, um den Ausblick im Nationalpark Torres del Paine (Chile) zu bewundern (folgende Doppelseite).*

# AMERIKA

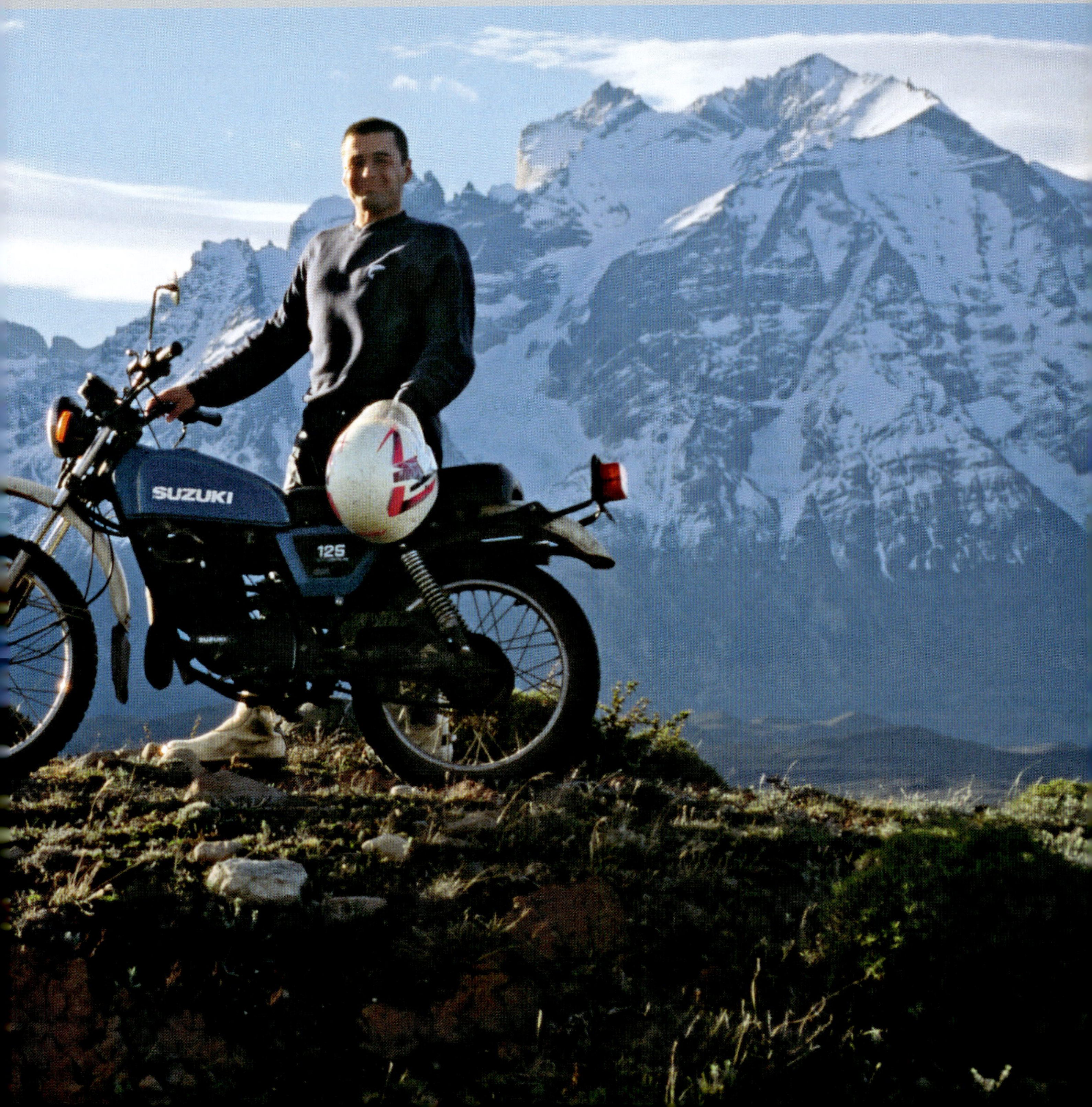
SUZUKI
125

# Rundreise Anchorage – Whitehorse

*Fahre eine große Acht durch die Wildnis des nordöstlichen Teils Nordamerikas.*

Bei dem Blick auf eine Landkarte ist das Verhältnis zwischen der unglaublichen Größe dieser Gegend und der geringen Bevölkerungszahl schwer zu erfassen. Gewaltige Gebirgszüge und Schneegipfel begleiten die Fahrt über Schnellstraßen, die sich in der Ferne verlieren. Eine weite Landschaft mit vielen Wäldern, Seen, Flüssen und sanften Hügeln ist das Yukon-Gebiet. Im Südwesten erstrecken sich die St.-Elias-Berge mit Kanadas höchstem Gipfel Logan. Im Westen liegen die berühmten Flüsse Yukon und Klondike, Kulisse des letzten großen Goldrauschs in Nordamerika.

Alaska besteht aus einem gigantischen Plateau, von dem sich eine Kette langer Gebirgszüge erhebt, an denen du entlang fährst. Im Zentrum liegt der Denali-Nationalpark. Es gibt lediglich zwei Ansiedlungen von nennenswerter Größe: Anchorage und Fairbanks. Alle anderen Gemeinden sind im Vergleich winzig, wenn auch die Reisestrecke gute Campingplätze und preiswerte Hotels aufweist.

Entgegen landläufiger Meinung ist die Landschaft nicht ständig von Schnee und Eis bedeckt, im Sommer kann das Fahren durchaus angenehm sein. Doch vergiss nie, die Regensachen einzupacken, da Niederschlag nicht ungewöhnlich ist. Mückenschutzmittel sind ebenfalls ein Muss. Es gibt reichlich Wild, und höchstwahrscheinlich wirst du Elche und Bären von der Straße aus sehen. Zu nahe sollte man ihnen nicht kommen.

Die Straßen der Route sind größtenteils exzellent und fast durchweg geteert. Du kannst Offroad-Abstecher einlegen, wenn du möchtest, doch generell ist ein Straßenmotorrad gut geeignet. Aufgrund des gebirgigen Terrains gibt es eine Vielzahl kurvenreicher Streckenabschnitte, gefolgt von langen, schnurgeraden Etappen, sodass man große Distanzen schnell zurücklegen kann.

## Die Route

Die Tour gibt einen grandiosen Eindruck von der Wildnis in diesem Teil der Erde. Man benötigt dafür zwei bis drei Wochen, inklusive Unterbrechungen an interessanten Orten oder gar kurzen Wanderungen in einem der Nationalparks.

Start der Reise ist Alaskas Hauptstadt Anchorage, Richtung Norden auf der einzigen mehrspurigen Schnellstraße des Bundesstaates. Bald allerdings verlässt du sie und biegst auf die George-Parks-Schnellstraße ab, die spektakulären Chugach-Berge zur Rechten.

▽ *Vergiss bei Reisen in Alaska nicht die warme Bekleidung.*

Alaska/USA

Nach 160 km erreichst du die Ausfahrt nach Talkeetna. Die Stadt ist der Stützpunkt für Flüge über das Denali-Gebiet, und es lohnt sich, hier die Fahrt für einen Flug zu den gigantischen Gletschern und Gipfeln zu unterbrechen. Der Denali-Nationalpark liegt linker Hand, wenn du weiter nach Norden fährst über den 700 Meter hohen Broad-Pass bis zur Ausfahrt zum Park. Hier hast du nur per Shuttle-Bus Zugang; doch der Besuch ist lohnend.

580 km sind es von Anchorage nach Fairbanks, und auf der letzten Etappe schlängelt sich die Straße durch die Tanana-Hügel – eine großartige Fahrt mit guten Ausblicken auf die Landschaft Alaskas zur Rechten. Dies ist auch eine der wenigen Strecken des Staates, wo du legal 100 km/h fahren darfst.

▽ *Friedliche Kulisse im Denali-Nationalpark (Alaska).*

Amerika

Fairbanks hat nur ein Viertel der Größe von Anchorage. Es ist eine Stadt der Extreme: Von minus 50 Grad im Winter herrschen bis zu plus 40 Grad im Sommer. Damit weist sie eine der größten Temperaturextreme der Welt auf. Hier kann man in einer der heißen Quellen rund um die Stadt entspannen. Von hier aus bietet sich die Möglichkeit, einen 1450 km langen Abstecher nach Norden als Rundtour über den Dalton-Highway oder die Nebenstraße zu unternehmen. Man fährt über den Polarkreis hinaus, Wendepunkt der Tour ist Deadhorse. Die Piste ist ungeteert und folgt der Alaska-Öl-Pipeline durch einige der spektakulärsten Wildnis-Landschaften des Staates.

Von Fairbanks aus halte dich südöstlich auf dem Alaska-Highway über die große Hochebene im Landesinnern. 320 km sind es bis Tok, und nur das Städtchen Delta Junction unterbricht die Einsamkeit der Strecke. Kurz nach Erreichen von Tetlin Junction biege links ab auf die sogenannte Klondike-Rundtour. Sie besteht aus den Schnellstraßen Taylor- (Alaska) und Klondike-, sowie dem Top-of-the-World-Highway (Kanada) und endet schließlich im Yukon-Gebiet in Whitehorse. Die erste Etappe der Rundstrecke führt dich durch die Stadt Chicken, dann zum Yukon hinab und weiter nach Dawson City. Auf dem Highway »Top of the World« fährst du 320 km lang auf breiter, ebener Piste hinauf durch alpine Tundra mit fantastischen Ausblicken auf die Berg-

## Wann & wie

**Motorrad:** Man kann problemlos mit der eigenen Maschine einreisen. In Anchorage gibt es Mietmotorräder. Geführte Touren inklusive Maschinen werden ebenfalls angeboten.

**Jahreszeit:** Mitte Mai bis Mitte September ist tatsächlich die einzige Zeit für diese Motorradtour.

**Und anschließend:** Du kannst die Tour mit einer Fahrt in den kanadischen Rocky Mountains verbinden. Calgary ist 3438 km von Anchorage entfernt und 2293 km von Whitehorse.

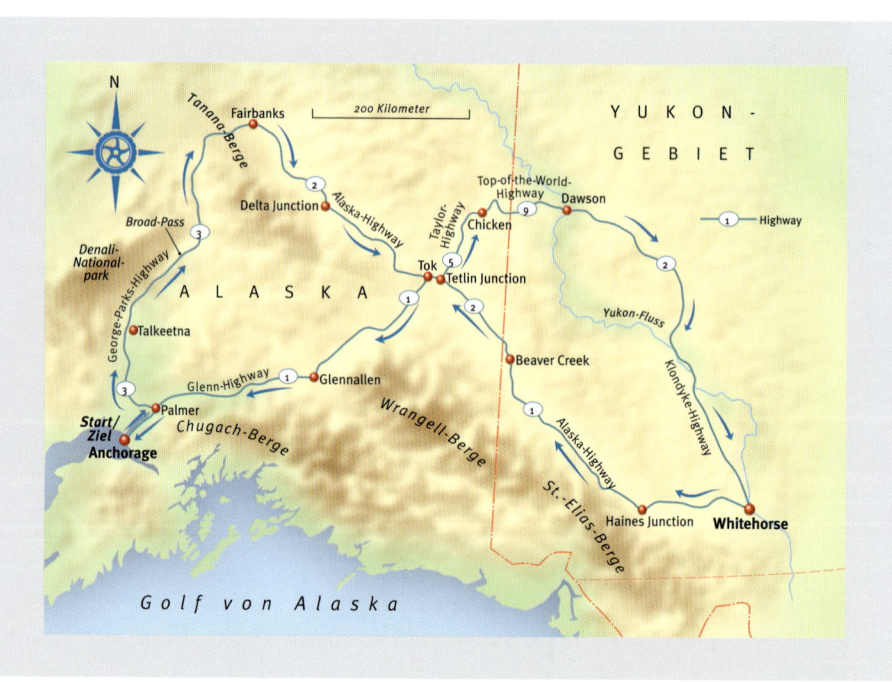

Alaska/USA

kämme, an denen sich die Strecke entlang windet. Mit einer Fähre überquerst du schließlich den Yukon.

Das faszinierende Dawson City ist ein Höhepunkt der Reise. Hier war das Zentrum des Klondike-Goldrauschs, und viele Gebäude jener Zeit wurden restauriert. Du kannst versuchen, Gold zu waschen und den größten holzverkleideten Gold-Bagger in Nordamerika besichtigen, gebaut 1912. 500 km entfernt von dort befindet sich Whitehorse, die größte Stadt in Nordkanada, gelegen an den Ufern des Yukon-Flusses. Auch sie hat ihren Anteil an der Geschichte des Goldrauschs, und ein mächtiger Schaufelraddampfer liegt am Rand der Stadt vor Anker.

Von Whitehorse aus führt die Reise 800 km nordwestlich zurück auf den Alaska-Highway. Nach Passieren der kleinen Siedlung Haines Junction dominieren das Kluane-Eisfeld und die St.-Elias-Berge die Szenerie zur Linken. Die Schnellstraße ist perfekt ausgebaut. Kurz nach dem Städtchen Beaver Creek überquerst du erneut die Staatsgrenze nach Alaska und kehrst nach Tok zurück. Um die große Acht der Route zu vervollständigen, fährst du von hier über den Glenn-Highway zurück nach Anchorage, eine Strecke von 530 km. Halte dich Richtung Glenallen, genieße diesen wunderschönen Abschnitt der Route, die Wrangell-Berge zu deiner Linken. Von Glenallen windet sich die Schnellstraße den 915 Meter hohen Tahnita-Pass hinauf. Besonders im August, wenn sich die Bäume vor dem Hintergrund der Gletscher und schneebedeckten Berge golden färben, ist die Kulisse beeindruckend. Die letzte Etappe deiner Reise führt dich durch das Städtchen Palmer auf die Schnellstraße zurück nach Anchorage.

◁ *Dawson City war das Zentrum des Goldrauschs im frühen 20. Jahrhundert.*

▽ *Die St.-Elias-Berge sorgen für einen beeindruckenden Hintergrund.*

# Die Rocky Mountains: Von Calgary bis Jasper

*Diese Reise führt von Calgary zum Jasper-Nationalpark durch das Herz der kanadischen Rocky Mountains.*

▽ *Motorradfahren in den Rocky Mountains.*

**D**ie kanadischen Rocky Mountains ziehen sich fast 1500 km weit durch die Provinzen Alberta und British Columbia. Schwindelnde Gipfel ragen auf aus einer unberührten Wildnis voller Wälder, Gletscherseen, Schluchten und Täler. Man kann sich kaum die Größe und Schönheit der Landschaft vorstellen, die sich dort vor einem ausbreitet und sämtliche Erwartungen übertrifft.

△ *Das faszinierende Panorama des Peyto-Sees sollte man nicht versäumen.*

Nur für eine kurze Zeit im Sommer ist in den Rocky Mountains der Schnee vollständig geschmolzen und gibt den Weg frei für Motorrad-Touren. Die Route führt durch die großartige Wildnis Kanadas, wo das Wetter sehr schnell wechseln kann. Motorradfahrer sollten daher eine Menge unterschiedlicher Bekleidung schnell zur Hand haben. Die großen Straßen sind in exzellentem Zustand und verschaffen dir Zeit, um die atemberaubenden Ausblicke vom Sattel aus zu bewundern. Schneebedeckte Gipfel tauchen hinter jeder Biegung auf, und die Strecke bietet genügend offizielle Parkbuchten, um die Landschaft zu genießen. Die Fahrt entlang des Icefield Parkway ist absolut spektakulär und gilt als eine der klassischen Motorradstrecken der Welt.

## Die Route

Eine Woche bietet genügend Zeit, um die Nationalparks auf der 450 km langen Strecke zu erkunden.

Calgary liegt zwischen den Rocky Mountains und den weiten Prärien und bietet damit einen idealen Startpunkt für eine Tour in die Rockies selbst. Schnell und komfortabel geht es 130 km weit auf dem transkanadischen Highway zum Banff-Nationalpark. Banff ist ein lebendiges Städtchen und der Hauptstützpunkt, um die waldreichen Täler, Gipfel und kristallklaren Gewässer des wohl berühmtesten Reservats der kanadischen Rockies zu erkunden.

Von Banff aus fahre auf dem malerischen Bow-Valley-Parkway nach Lake Louise. Es ist nur eine kurze Strecke von rund 55 km, doch die Ausblicke sind prachtvoll. Daher lass dir Zeit, reise

## Amerika

▷ *Die Eisfeld-Route durchschneidet die Rockies und bietet spektakuläre Aussichten.*

▽ *Gletscher des Columbia-Eisfelds in den Rocky Mountains.*

entspannt und genieße die Gegend. Die Gemeinde Lake Louise liegt im Bow-Tal und bietet Unterkünfte und Information. Der See selbst liegt nur vier Kilometer oberhalb des Dorfes an der kurvenreichen Straße Lake Louise Drive. Mit seinem türkisblauen Wasser und der Sicht auf den Victoria-Gletscher bietet er ein atemberaubendes Panorama von unfassbarer Vollkommenheit. Eine angenehme, windungsreiche Straße führt dich in 13 km zum kleineren und womöglich noch schöneren See Morain Lake, der von zehn gletscherbekrönten Gipfeln umringt wird.

Zurück in Lake Louise, halte dich nördlich Richtung Jasper-Nationalpark auf der Icefield-Bundesstraße, die das Herz der Rockies durchschneidet und sowohl den Banff- als auch den Jasper-Nationalpark durchquert. Du kannst die 230 km in einem Tag abfahren oder für ein paar Tage einen Stopp einlegen, um die Region zu erkunden. An der Strecke gibt es Campingplätze, Jugendherbergen und einige wenige Hotels. Die unendliche Abfolge türkisfarbener Seen, mächtiger Eiswände und schroffer Gipfel bietet unvergessliche Anblicke auf diesem »Wonder Trail«, dem »Wunderweg«, wie ihn Pelzhändler früher bereits bezeichneten.

40 km lang steigt die Straße durch subalpinen Wald stetig an bis zur Bow-Höhe (»Bow Summit«), die mit 2068 Metern den höchsten Punkt der Bundesstraße bildet. Die fantastische

Kulisse des nahegelegenen Peyto-Sees sollte dabei nicht versäumt werden.

Nun führt die Straße 37 km hinab nach Saskatchewan Crossing, wo du tanken kannst, bevor du die Steilstrecke hinauf zu den Columbia-Eisfeldern in Angriff nimmst, dem größten zusammenhängenden Schneegebiet der Rocky Mountains. Hier kannst du dich einer geführten Schneemobil-Tour anschließen oder gar eine Eiswanderung hinaus auf den Athabasca-Gletscher unternehmen.

Die weitere Strecke fällt leicht ab bis zum Ende der Bundesstraße, dem verschlafenen Städtchen Jasper. Mach Station, genieße die ruhige Atmosphäre und erkunde von hier aus weiter die gewaltige, herbe Wildnis des Jasper-Nationalparks.

## Wann & wie

**Motorrad:** Man kann problemlos mit der eigenen Maschine einreisen. In Calgary und Vancouver gibt es Mietmotorräder. Geführte Touren inklusive Maschinen werden ebenfalls angeboten.

**Jahreszeit:** Juni bis September ist die richtige Zeit für diese Motorradtour.

**Und anschließend:** Du kannst die Tour mit einer Fahrt in die Yukon- und Nordwest-Territories verbinden. Anchorage ist 3438 km von Calgary entfernt und Whitehorse 2293 km.

# Von Montreal bis zur Halbinsel Gaspésie

*Eine Tour von Montreal am Nordufer des St.-Lawrence-Stromes entlang bis Baie Comeau, hinüber zu den malerischen Straßen der Halbinsel Gaspésie.*

▽ *Silhouette des quirligen Quebec.*

**D**as französischsprachige Quebec ist eine Besonderheit in Nordamerika: Ein Landstrich der Kontraste, hier sind die alte Welt und moderne Großstädte gemischt mit Ehrfurcht gebietender Wildnis. Fast 2000 km erstreckt sich die Provinz von Nord nach Süd, wobei Wälder und Tundra den nördlichen Teil beherrschen. Das südliche Quebec ist leicht erreichbar über den St.-Lawrence-Strom, der von den großen Seen zum Atlantik fließt und die Region teilt.

Kanada

Auf dieser Reise kannst du in französischer Küche schlemmen und den Chemin du Roi unter die Räder nehmen, den »Königsweg«. Folge dem St.-Lawrence-Strom auf kurvenreicher Strecke, durch pittoreske Dörfer auf der Route des Baleines, der »Walfisch-Route«, dann hinüber zur Halbinsel Gaspésie, die 500 km in den Ozean hinein ragt. Diese Motorradreise führt dich durch ein Land mit vielen Bergen, weiten Seen, mächtigen Flüsse und einer reichen Auswahl an Unterkünften. Kurze Tagesetappen machen das Ganze zu einer entspannten Fahrt.

## Die Route

Die Tour vermittelt einen Eindruck der südöstlichen Region dieses riesigen Landes. In einem Zeitraum von zehn bis vierzehn Tagen sind Erkundungen der Nationalparks zu Fuß möglich.

Von Montreal aus fahre auf den Chemin du Roi. Die Straße wurde 1735 gebaut, um Montreal, Trois Rivières und die Stadt Quebec zu verbinden. Über ein Jahrhundert lang wurden dort Post und Reisende per Postkutsche oder Schlitten über 29 Relais-Stationen befördert. Mit gestrecktem Galopp dauerte die Reise zwei Tage. Heutzutage ist es eine beschauliche Fahrt von einem Tag. Der Highway 138 folgt der alten Straße auf etwa 250 km und mäandert dabei am Nordufer des St.-Lawrence-Stromes entlang durch malerische Landschaft und pittoreske Dörfer. Die Hauptstadt Quebec schließlich vereinigt modernen französischen Stil mit altertümlichen Kopfsteinpflastergassen und historischen Gebäuden.

Von hier läuft die Route des Baleines 266 km weit nach Baie Comeau, von wo man übersetzt zur Halbinsel Gaspésie. Die malerische Region Charlevoix zwischen der Küste von Beaupre und dem Saguenay-Fjord steht unter dem Schutz der UNESCO. Die Route windet sich durch ländliche Dörfer, Täler und weite Hügel. Ab dem hübschen Städtchen Baie St. Paul nimm die Küstenstraße HW 362 unter die Räder, die sich durch mehrere bergige Dörfer schlängelt.

Die wunderschöne Landschaft geht schließlich über in dramatischere Felsregionen und nackte Klippen, wo der Saguenay-Fluss auf einen der weltlängsten Fjorde trifft und sich seinen Weg in den St.-Lawrence-Strom bahnt. Die Mischung von

▽ *Aufgebockt für eine Pause in Montreal.*

## Wann & wie

**Motorrad:** Man kann problemlos mit der eigenen Maschine einreisen. In Montreal gibt es Mietmotorräder. Geführte Touren inklusive Maschinen werden ebenfalls angeboten.

**Jahreszeit:** Mitte Mai bis Mitte Oktober ist die beste Reisezeit für diese Motorradtour.

**Und anschließend:** Fahre von Montreal nach Vermont für eine Tour rund um Neuengland oder von der Gaspésie-Halbinsel durch New Brunswick nach Neuschottland.

Kanada

kaltem Meerwasser mit dem Süßwasser des Saguenay ruft eine reiche Plankton-Population hervor, und in den Sommermonaten versammeln sich hier Wale auf ihrer Wanderschaft, um sich satt zu fressen. So viele Walarten an einem Fleck beobachten zu können, ist ein magisches Erlebnis.

125 km lang schlängelt sich die HW 170 von Saint Siméon bis zum Parc du Saguenay, wobei sie nach 50 km auf den mächtigen Fjord trifft. Bis Chicoutimi gibt es keine Brücke hinüber. Erst dort kannst du auf dem gegenüberliegenden Ufer zurück fahren. Erneut auf der HW 138, erreicht man auf einer Fahrt durch Seen, Wälder und sandige Buchten nach 200 km Baie Comeau.

Eine Fähre setzt dich nach Matane auf dem Nordufer der Halbinsel Gaspésie über. Hier werden bewaldete Hänge von Schluchten zerschnitten, und Berge stürzen zu der zerklüfteten Küste hinab. Es ist eine perfekte Motorradgegend, die dich mit ihren vielfältigen Wanderrouten – ob auf zwei Rädern oder zwei Beinen – tagelang fesseln kann. Die Straße schmiegt sich rund um die Halbinsel an die Küste, hin und wieder kurvig eingezwängt zwischen Ozean und Berge. Sie führt an pittoresken Buchten vorbei und durch Küstendörfer, durch den Forillon-Nationalpark bis zur Gaspé-Bucht. Hier bietet sich ein fantastischer Blick über das Meer zu jener Stelle, wo 1534 der französische Seefahrer Jacques Cartier den St.-Lawrence-Golf entdeckte, den er Kanada nannte.

◁ *Die gemächliche Geschwindigkeit dieser Tour passt gut zur sanften Landschaft.*

▽ *Dramatische Kulisse der Gaspésie-Halbinsel.*

# Vom Golf von Maine bis zur Meerenge der Belle Isle

*Folge der lieblichen Küste Neuschottlands und reise weiter zur großen Halbinsel Neufundland.*

**D**er Nordatlantik ist auf dieser Tour durch das wilde und einsame Neuschottland und Neufundland ein ständiger Begleiter. Entlang der Leuchtturm-Route geht es durch pittoreske Fischerdörfer und geschichtsträchtige Hafenstädte, über die kurvenreichen Bergstraßen des Cabot Trail mit weitem Meerblick. Sie können einsame und üppige Naturschönheiten Neufundlands erkunden und Wale, Seevögel und Eisberge betrachten.

▽ *Tour auf dem Cabot Trail der Insel Cape Breton.*

In Neuschottland gibt es 7000 km kurvenreiche Küstenstraßen und eine Menge Plätze zum Anhalten und Entspannen. In Neufundland wirst du dagegen den Quirl etwas weiter aufdrehen, da die Distanzen länger sind und das Wetter unberechenbar. In beiden Provinzen fordert das nordatlantische Wetter seinen Tribut von der Straße: Erwarte keinen perfekten Asphalt und pack auf jeden Fall deine Regensachen ein! Dennoch bietet die Route ein großartiges Fahrerlebnis, stille Wege und eine überwältigende Natur.

△ *Die Baddeck-Bucht auf der Insel Cape Breton (Neuschottland).*

## Die Route

Die Reise vermittelt den Duft Neuschottlands und den Geschmack der weiten Insel Neufundlands. Zwei Wochen reichen aus, um nicht nur mit dem Motorrad, sondern auch zu Fuß die Nationalparks zu erkunden.

Die Küstenstadt Yarmouth ist der Startpunkt der malerischen Leuchtturm-Route, die auf knapp 600 km der Südküste folgt. Es ist eine gemütliche Fahrt durch historische Hafenstädte und Fischerdörfer. Das geschäftige Treiben auf dem Meer garantiert täglich fangfrische Fische und Meeresfrüchte. Wie kann man angenehmer den Tag beenden als bei einem Festessen mit Hummer, Thunfisch oder Muscheln, die sich mit Wein aus den Annapolis-Tälern gut vertragen? Die Leuchtturm-Route endet in der pulsierenden Hauptstadt Halifax.

Östlich der Stadt folge weiter der Küste auf der HW 7, die nach rund 175 km nördlich ins Inland abbiegt. Danach geht es erneut nach Osten zur Meerenge von Canso und über den schmalen Damm, der den Rest Neuschottlands mit der Insel Cape Breton verbindet.

## Amerika

▷ *HOG (»Harley Owners' Group«)-Treffen auf Cape Breton.*

▽ *Der Nationalpark Gros Morne (Neufundland).*

Der Cabot Trail ist eine malerische Rundtour von 300 km um die Nordspitze von Cape Breton und am Cape-Breton-Highlands-Nationalpark entlang. Man fährt durch Wälder, steile Berge und an felsigen Klippen und Stränden vorbei. Die Straße ist aus den Berghängen herausgemeißelt, weite Biegungen steigen und fallen, wobei sie umwerfende Ausblicke auf den Atlantik und den St.-Lawrence-Golf bieten.

Eine Stunde Fahrt entfernt vom Cabot Trail liegt North Sydney, wo die Fähre für eine 14stündige Fahrt nach Neufundland ablegt. Die Insel wird von den Einheimischen schlicht »The Rock« – »Der Felsen« genannt. In Argentia, an der Südwestspitze der Avalon-Halbinsel, legt die Fähre an. Umrunde die Halbinsel auf der 400 km langen Küstenstraße entlang des Avalon-Wildreservats. Die fischreichen Gründe von Bay Bulls und Witless Bay wimmeln von Buckel- und Zwergwalen sowie Millionen von Seevögeln. Gelegentlich driften Eisberge vorüber.

Halte dich Richtung Hauptstadt St. John's und fahre zum nahegelegenen Kap Spear, dem östlichsten Punkt Nordamerikas. Von St. John's aus erreichst du den Trans-Canada Highway, die einzige Hauptstraße des nördlichen Inselteils. Die Strecke führt knapp 600 km durch den Terra-

Kanada

Nova-Nationalpark und durch die Städte Gander und Great Falls bis zum Deer-See.

Dort biege ab auf die Route 430 und den Viking Trail, der 490 km nach Norden führt. Genieße das Kurvenschwingen durch den Gros-Morne-Nationalpark. Die Straße führt zur Mondlandschaft der Tablelands, eines erstaunlichen gletscherzerklüfteten Fjords, und weiter hinab zur Wasserkante bei Rocky Harbour.

Der Viking Trail verläuft nun nach Norden bis zur Meerenge von Belle Isle mit den Resten einer Wikingersiedlung aus dem 11. Jahrhundert, die bei L'Anse aux Meadows an der Nordspitze der Insel liegt. Wenn du dort aufs Meer hinausschaust, kannst du dir leicht vorstellen, wie die Langschiffe der Nordmänner auf die zerklüftete Küste zu segelten.

## Wann & wie

**Motorrad:** Man kann problemlos mit der eigenen Maschine einreisen. In Halifax gibt es Mietmotorräder. Geführte Touren inklusive Maschinen werden ebenfalls angeboten.

**Jahreszeit:** Das Wetter ist unberechenbar, sogar in den Sommermonaten. Es kann warm und sonnig sein, aber auch kalt, stürmisch, nass und neblig. Wahrscheinlich gibt's von allem etwas, richte dich also darauf ein.

**Und anschließend:** Fähre von Yarmouth nach Portland (Maine) für eine Tour rund um Neuengland. Oder durch New Brunswick zur Gaspésie-Halbinsel in der Provinz Quebec.

# Von Boston zu den Green Mountains

*Eine Reise von Boston nach Norden am Maine-Golf entlang, dann landeinwärts zu den Weißen Bergen in New Hampshire und den Grünen Bergen von Vermont.*

Fährst du gerne an einem frischen Herbstmorgen Motorrad, wenn die Kühle des Tages den Motor weich schnurren lässt und ein später Sonnenaufgang auf dem Herbstlaub mit wechselnden Farben spielt, dann ist die Kulisse Neuenglands das Richtige für dich. Die Wälder von Maine, Vermont und New Hampshire beginnen im Herbst eine leuchtende Show von feuerroten Ahornbäumen, leuchtendgelben Birken, Espen und Pappeln. Das Farbspektrum ist intensiv und flammt auf unter dem schnell wechselnden Herbsthimmel.

Die Komposition der Farben, verbunden mit kurvenreichen Bergstraßen, Hügelketten und einer entspannten Lebensart, macht diese Tour zur ultimativen Herbstreise. Diese ländlichen Bundesstaaten laden zu gemütlichem Fahren ein, und Unterkünfte gibt es genügend. Will man nur auf vergnügliche Art die Höhepunkte dieser spektakulären Show erleben, so reicht es, sich nach dem täglichen Wetterbericht zu richten und damit die Planung Mutter Natur zu überlassen. Wenn du es allerdings vorziehst, die Farbpaletten mit den schönsten Motorradstraßen Neuenglands zu verbinden, ist etwas Vorplanung die Garantie für eine erstaunliche Fahrt.

▽ *Auf den Straßen Neu-Englands.*

## Die Route

Etwa eine Woche ist für die Tour einzuplanen, auf der die Küste Maines mit ländlichen Straßen verbunden wird, die sich durch waldreiche Berge winden.

Nördlich von Boston folgt der HW 1 ein paar Kilometer der Küste und quert die Grenze nach Maine knapp unterhalb von Portsmouth. In Maine gibt es keine Helmpflicht, daher kannst du, wenn du magst, nahe den Wellen die salzige Luft im Gesicht spüren und deine Haare durchlüften lassen. Doch Achtung, die wilde Küste wartet mit unberechenbaren Windböen auf!

USA

Eine Vielzahl malerischer Straßen zweigt von dem HW 1 ab zu schroffen Buchten, pittoresken Dörfern und geschichtsträchtigen Städtchen. Die gemütliche Tour entlang der Küste bietet genügend Zeit, um die einheimischen Meeresfrüchte, insbesondere Hummer, zu genießen.

Eine herrliche, 180 km lange Fahrt führt von Boston nach Portland. Dort zweigt die Route landeinwärts ab nach Conway in New Hampshire, eine Strecke von etwa 100 km. Nimm dir mehrere Tage Zeit, um die sanft schwingenden Straßen im White-Mountain-Nationalwald entlang zu fahren, wo nach jeder Biegung unglaubliche Farben auf dich einstürmen. Die White Mountains, einst eine Wildnis, gehören mit ihren Wäldern heute zu den Hauptattraktionen der Jahresagenda. Durch die

▽ *Neuengland ist berühmt für seine schillernde Farbenpracht im Herbst.*

**Amerika**

▷ *Die Tour endet im malerischen ländlichen Vermont.*

## Wann & wie

**Motorrad:** Man kann problemlos mit der eigenen Maschine einreisen. In Boston oder anderen Großstädten der USA gibt es Mietmotorräder. Geführte Touren inklusive Maschinen werden ebenfalls das ganze Jahr über angeboten.

**Jahreszeit:** Der Herbst beginnt im hohen Norden im September, Richtung Süden verschiebt er sich bis Ende Oktober. Halte dich an die Vorhersagen auf einer der vielen Internetseiten, z. B. www.foliagenetwork.com.

**Und anschließend:** Fahre von Vermont nach Montreal in der Provinz Quebec oder nimm ein Schiff von Portland (Maine) nach Yarmouth (Neuschottland).

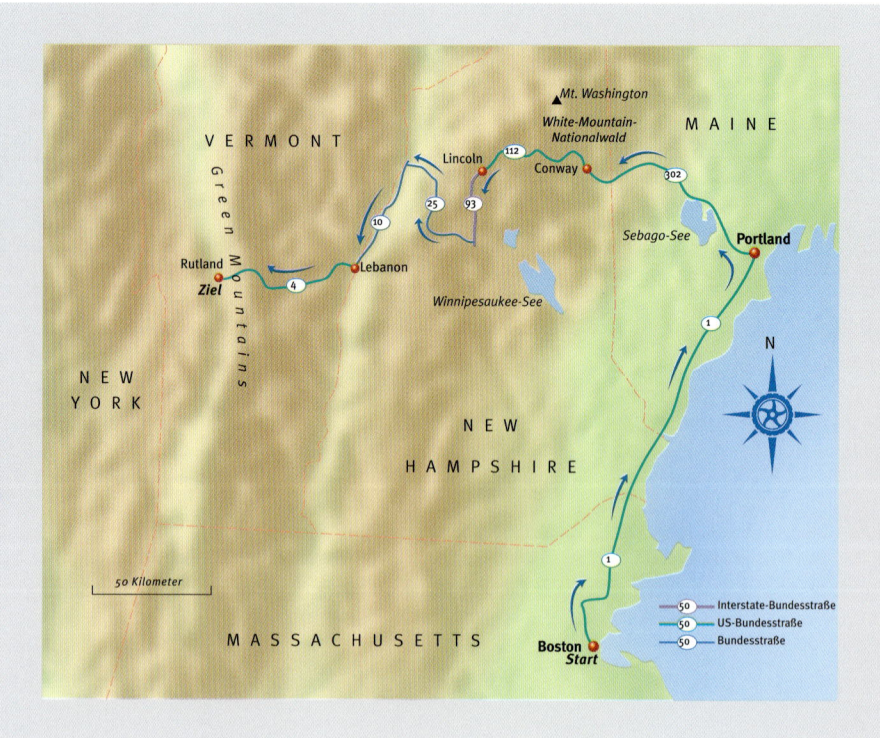

USA

vielen Laubbäume, von denen die kurvenreiche Kancamagus-Schnellstraße zwischen Conway und Lincoln gesäumt wird, ist diese Strecke unschlagbar.

»The Kank«, 55 km lang und am höchsten Punkt über 900 Meter hoch, bietet viele spektakuläre Ausblicke. An einem schönen Herbsttag kann der Verkehr dicht und zähfließend sein, doch das Angenehme am Motorradfahren ist ja, dass man die Schlangen hinter sich lassen kann. Im Nationalpark liegt die Mount-Washington-Straße, die 13 km lang in endlosen Serpentinen und mit atemberaubenden Aussichtspunkten die östliche Seite des Berges erklimmt. Prüfe die Funktion deiner Bremsen, bevor du wieder hinunter fährst!

Nun rolle südwestlich weiter nach Lebanon in der Nähe des Connecticut-Flusses, der natürlichen Grenze zu Vermont. Es ist eine fantastische 82 km lange Fahrt auf der Route 4 von Lebanon nach Rutland und zum Nationalforst der Green Mountains. Das ländliche Vermont ist von bergigen Wäldern bedeckt, die ein fesselndes Farbspektrum zur Schau stellen. Seine Straßen führen zu stillen Weilern mit weißen, spitztürmigen Kirchen und traditionellen Dorfläden, die Vermonts Spezialität anbieten: Ahornsirup. Halte an, um die Pfannkuchen zu kosten, die reichlich mit dem süßesten Sirup deines Lebens bestrichen sind, und dein innerer Motor wird für Stunden ebenso süß laufen.

▽ *Goldfarbene Wälder sind ein häufiger Anblick* (links).

▽ *Fluss in den White Hills* (rechts).

# Von Denver nach Durango über die Black Hills

*Eine Reise durch die weiten Prärien Wyomings, über die Black Hills und hohe Gebirgspässe nach Süden in die lebendige Stadt Durango.*

Colorado ist der Bundesstaat der kristallklaren Seen, Klippen, Schluchten und kurvenreichen Straßen. Klare Bergluft, der Geruch alpiner Wälder und eine reiche Population von Wildtieren garantieren eine beschwingte Fahrt. Die Gebirgskulisse Colorados steht mit der Weite und Einsamkeit von Wyomings windgepeitschten Prärien ebenso in Kontrast wie mit den Black Hills von Süd-Dakota, der spirituellen Heimat vieler nordamerikanischer Indianerstämme.

Genieße den blauen Himmel, hellen Sonnenschein und prachtvolle Berggipfel, während du Serpentinen zu 3650 Meter hohen Pässen bewältigst. Die Trail Ridge Road ist die höchste durchgehend asphaltierte, am Pass teilweise schadhafte Straße der USA.

▽ *Die Black Hills von Süd-Dakota.*

Fahre über den Pass des Red Mountain auf den »Million Dollar Highway«, und wenn du es geschickt einrichtest, kannst du mit 100 000 anderen Motorradfahrern in Sturgis das weltgrößte Motorradtreffen feiern.

△ *Motorradtreffen in Sturgis.*

## Die Route

Wenn nur eine Woche zur Verfügung steht, sollte man in Denver starten und über den Rocky-Mountain-Nationalpark südlich nach Durango fahren. Zwei Wochen bieten mehr: Zunächst geht es nach Wyoming und nach einer Rundtour durch die Black Hills wieder südlich nach Colorado.

Eine 320-km-Fahrt nördlich von Denver über die Prärie führt dich nach Cheyenne mit dem weltgrößten Rodeo-Feld. Vielleicht bleibst du über Nacht und tauschst deinen Helm gegen einen Cowboyhut und deine Motorrad- gegen Reitstiefel. Wenn du dich dann mutig genug fühlst, lass die vielen Pferde deiner Maschine gegen ein einziges, aber recht temperamentvolles, stehen.

Verlasse die Stadt auf dem Highway 25, praktisch in den Fußstapfen der frühen Pioniere, und fahre in die weite windgepeitschte Prärie hinein. Ebene Graslandschaft bis zum Horizont: In den uralten Jagdgründen der Indianer kannst du Vollgas geben. Biege auf die Iron-Mountain-Straße ab, die sich die Black Hills hinaufwindet. Auf der malerischen Tour durch den Custer State Park kannst du über 1500 Bisons beobachten. Stell dich darauf ein, dass sie sich gelegentlich zum Überqueren der Straße entschließen.

## Amerika

### Wann & wie

**Motorrad:** Man kann problemlos mit der eigenen Maschine einreisen. In Denver gibt es Mietmotorräder. Geführte Touren inklusive Maschinen werden ebenfalls angeboten.

**Jahreszeit:** Beste Reisezeit ist Juni bis Mitte September.

**Und anschließend:** Westwärts zum Monument Valley in Arizona oder südwärts zur mexikanischen Grenze in El Paso.

Die Reise führt dich durch reizvolle Tunnel weiter zum berühmten Berg Rushmore, in dessen Felswände die Portraits von vier US-Präsidenten gemeißelt sind.

In der Nähe liegt Deadwood, dessen wilde Vergangenheit berüchtigt ist. Für den verruchten Ruhm dieser ehemaligen Grenzstadt sorgten Persönlichkeiten wie Wild Bill Hickock, Calamity Jane, Wyatt Earp und Doc Holliday, die einst im dortigen Saloon tranken. Heutzutage bietet das Städtchen ein breites Angebot an Unterkünften und ist damit ein guter Stützpunkt, um die Gegend zu erkunden.

Nur eine kurze Fahrt von Deadwood entfernt liegt Sturgis. Wenn du im August dort bist, solltest du dir das dortige Motorradtreffen ansehen. Es fand das erste Mal im Jahre 1938 statt mit nur neun Motorradfahrern vom Jackpine Gypsies Motorcycle Club. Heute ist es eines der ältesten und größten Motorradereignisse und zieht Fahrer und Fahrerinnen aus aller Welt an. Genieße eine Woche Musik, Motorräder, Chaos, strömendes Bier, Benzingespräche und Party mit den wilden Horden.

Wurde die Party zu heftig und du sehnst dich nach Ruhe und Frieden, fahre westlich zurück nach Wyoming in den Yellowstone-Nationalpark, den ältesten der Erde. Die Tour ist mit 450 km recht lang, daher ist es eine Überlegung wert, sie auf der Hälfte in Sheridan zu unterbrechen. Über 500 km Straßen innerhalb des Reservats führen zu Schluchten, Klippen, Geysiren und heißen Quellen. Genieße die Stille und atemberaubende Schönheit dieser Landschaft.

Von Yellowstone geht es rund 410 km weiter nach Süden durch den Grand-Teton-Nationalpark und am Rande des Wind-River-Gebiets vorbei. Die Strecke bis zur Stadt Green River bietet sowohl hervorragende Aussichten auf schroffe, schneebedeckte Gipfel als auch ein wunderbares Fahrerlebnis. Übernachte in Green River, und brich früh nach Osten auf, am Flaming-Gorge-Stausee entlang und über die Uinta-Berge zum Dinosaurier-Nationaldenkmal, wo du die Grenze zurück nach Colorado querst.

Nach einer Tagestour von 450 km kann man gut in Steamboat Springs übernachten. Hier beginnt ernsthaftes Motorradfahren über Gebirgsstraßen. Dutzende von Pässen sind zu bewältigen, weshalb du hin und wieder deiner Kupplung Erholung und dir die Bewunderung der Landschaft gönnen solltest. Die 75 km lange Trail Ridge Road im Rocky-Mountain-Nationalpark ist der höchstgelegene Highway der USA. Es geht hinauf bis 3650 m Höhe, in eine alpine Welt durch Bergwiesen, Tundra und Pappelhaine. Eine Vielzahl von Aussichtspunkten erlauben weite Blicke und Schnappschüsse von dir und deiner Maschine vor dem Hintergrund gewaltiger Gletscher und Schneefelder.

Vom Rocky-Mountain-Nationalpark geht es zurück nach Denver, wo du Reifen, Kupplung und Bremsen inspizieren solltest, da noch mehr Pässe vor dir liegen. Nach Westen führt dich der Weg über den Loveland-Pass, gefolgt vom Fremont-Pass, zum Bergstädtchen Leadville und weiter hinauf über den Independence-Pass nach Aspen. Ist dir der Wintersportort zu mondän, fahre zwecks Übernachtung weiter nordwestlich nach Glenwood Springs, wo du dich in heißen Quellen aufwärmen kannst.

Von hier fahre nach Südosten, an der Kante des Nationalparks Black Canyon of the Gunnison entlang. In Ouray ist der Beginn des »Million Dollar Highway«, der sich über 100 km nach Durango erstreckt. Die Fahrt durch Uncompahgre Gorge zum Sattel des Red-Mountain-Passes hinauf besteht aus senkrechten Klippen und Serpentinen. Genieße das geschäftige Summen von Durango, während der Motor abkühlt und die Reifen zu qualmen aufhören.

△ *Vorbei an den Gesichtern des Mount Rushmore (Süd-Dakota).*

*Auf den Straßen um Sturgis* (folgende Doppelseite).

▽ *Der »Million Dollar Highway« Richtung Durango (Colorado).*

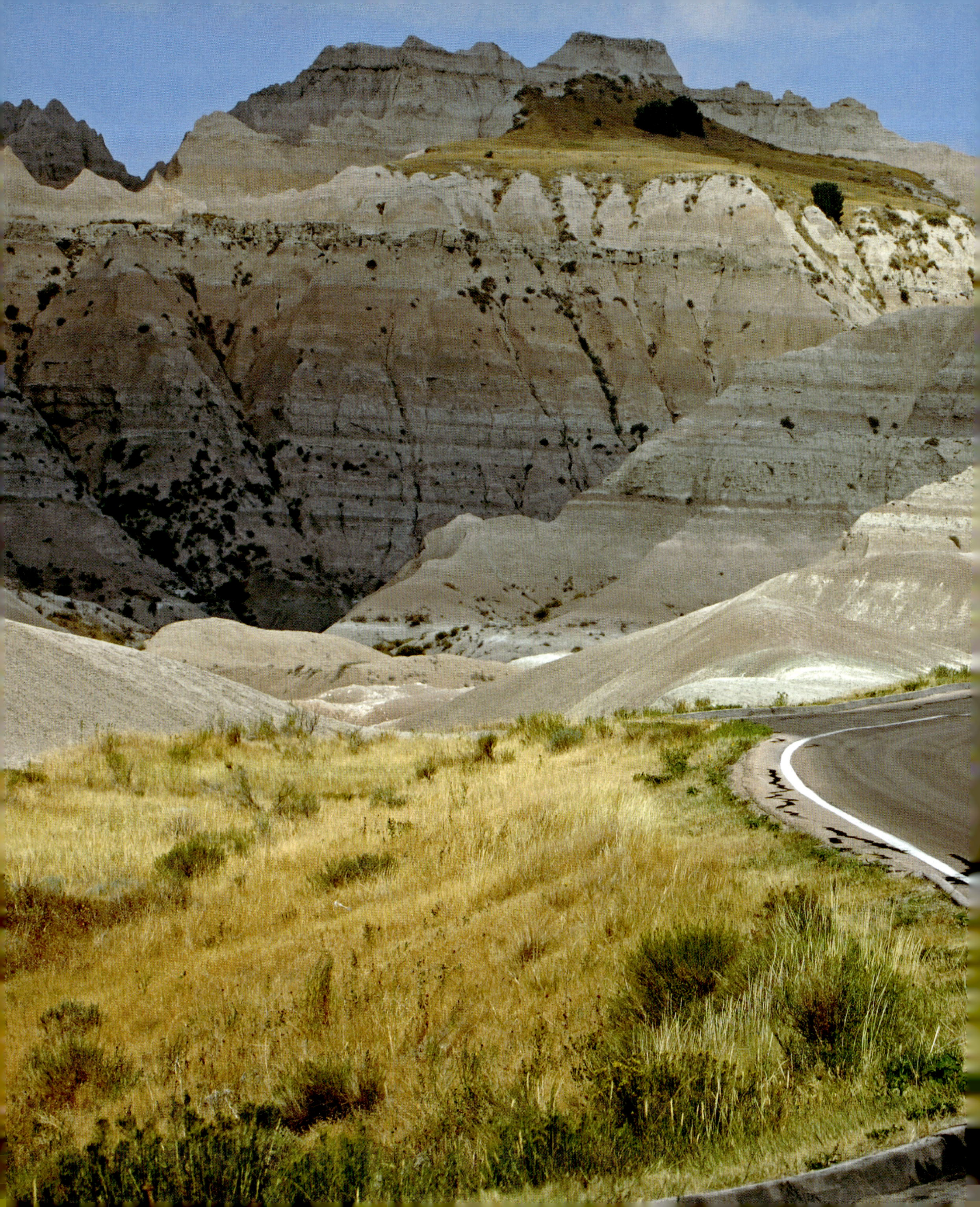

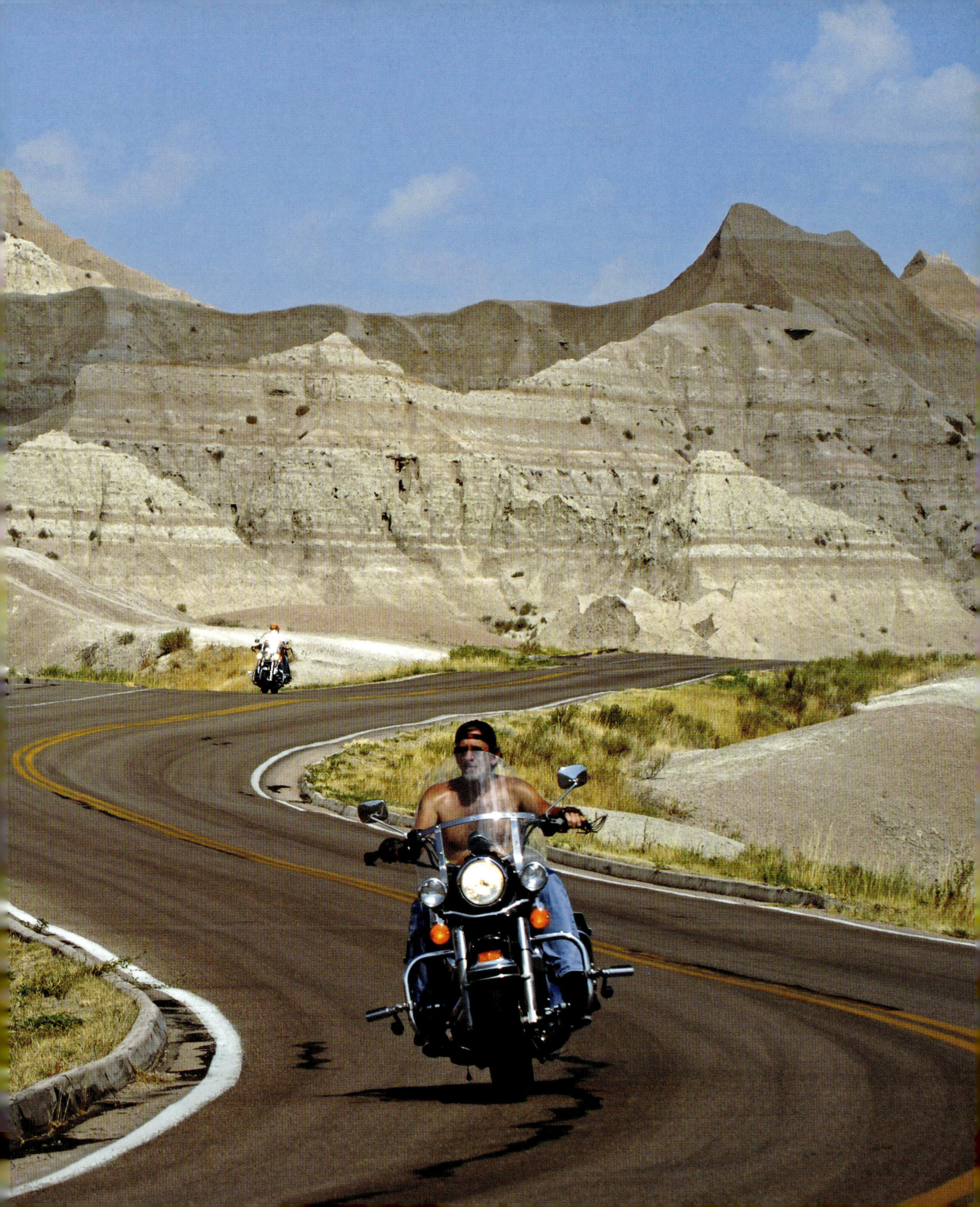

# Wilder Westen und kalifornische Küste

*Eine Rundreise von Los Angeles durch den Wilden Westen Arizonas nach Las Vegas, weiter nördlich nach San Francisco und zurück nach Los Angeles an der kalifornischen Küste entlang.*

▽ *Der Grand-Canyon-Nationalpark ist es wert, ihn für ein paar Tage zu erkunden.*

Nimm die Hauptrolle in deinem eigenen Western ein und belebe die klassischen John-Wayne-Szenen neu. Starte eine Tour durch das Land der Navajos und Apachen, halte in Grenzstädtchen an und blicke die größte Schlucht hinab, den Grand Canyon. Arizona, Utah und Nevada repräsentieren den wildesten Westen Nordamerikas. Wenn Namen wie Furnace Creek, Valley of the Gods oder Hell's Backbone deine Phantasie befeuern, dann schmeiß den Motor an und rolle Straßen hinunter, dem Sonnenuntergang entgegen wie die Herren Fonda und Hopper.

Los Angeles ist ein idealer Startpunkt für eine Runde mit Haarnadelkurven, weit schwingenden Biegungen, Straßen, die sich am Horizont verlieren und atemberaubenden Kulissen – von den geschichtsbeladenen Etappen der Route 66 und der pazifischen Küstenstraße HW 1 ganz zu schweigen. Wenn du mit einer Enduro querfeldein fahren möchtest, so bietet sich der Great Western Trail (»Große West-Trasse«, www.gwt.org) an für ein abenteuerliches Fahrerlebnis: ein 3000 km langer Korridor mit parallelen Wegen durch Schluchten, Wüsten und Wälder. Diese Region der USA umfasst eine reiche Auswahl unterschiedlicher Gelände in unglaublichen Landschaften.

△ *Bei Big Sur steigen die Santa-Lucia-Berge abrupt aus dem Pazifik.*

## Die Route

Die Reise vermittelt einen Eindruck von den Wüsten des Wilden Westens, dem Glamour Las Vegas' und der herrlichen kalifornischen Küste. Zwei Wochen sind Zeit genug, um in den Nationalparks auch einmal motorradlose Abstecher zu unternehmen.

Verlasse Los Angeles in östlicher Richtung auf den Original-Abschnitten der Route 66 bis Williams/Arizona, dem Tor zum Grand-Canyon-Nationalpark. Kaum etwas ist in der Lage, dich auf die erhebende spektakuläre Schönheit dieser Gegend vorzubereiten. Bleibe ein paar Tage hier und wandere in der Schlucht, um ein Gefühl für die Größe und Einsamkeit eines der Welt-Naturwunder zu bekommen.

## Amerika

*△ Der Capitol-Reef-Nationalpark in Utah.*

*▷ Der Yosemite-Nationalpark ist berühmt für seine dramatischen Granitklippen, die Wasserfälle und Wälder mit gigantischen Mammutbäumen.*

Die Painted Desert (»Gemalte Wüste«) durchquerst du östlich auf einer 270-km-Fahrt durch Felslandschaft ins Navajo-Territorium bis zum Monument Valley. Hier wurde der Westen erobert – zumindest in den Filmen.

In der kahlen Landschaft, zwischen roten Wanderdünen und Sandsteinhaufen mit Namen wie The Mittens (»Die Fäustlinge«), Totem Pole (»Totempfahl«) und Ear of the Wind (»Ohr des Windes«) haben John Wayne und Clint Eastwood brenzlige Situationen gerettet. Kein anderer Ort zeigt so typisch unsere Vorstellungen vom Wilden Westen. Wenn du die vertrauten Bilder dieser Landschaft vor dem Hintergrund eines roten Abendhimmels betrachtest, befallen dich merkwürdige Déjà-vu-Erlebnisse.

Möchtest du mit deiner Enduro ins Gelände gehen, bieten sich die Pfade an, die in den 1950er-Jahren Uransucher nördlich des Monument Valley gebahnt haben. Es gibt eine Vielzahl großartiger Fahrmöglichkeiten, verbunden mit faszinierenden Landschaftsbildern. Eine kurze Tagestour beispielsweise kann auf der Route 261 genossen werden, des alten Moki Dugway, der auf drei Kilometern um 335 Meter abfällt – eine beschwingte Schotterfahrt durch zahlreiche Serpentinen. Am westlichen Ende der Route 261 führt die Piste 25 km lang durch das »Tal der Götter« (Valley of the Gods), wo einsame Sandsteinsäulen nach dem Glauben der Navajo versteinerte Krieger darstellen.

Halte dich nach dem Verlassen des Monument Valley nordwestlich auf dem Highway 276, der den Colorado-Fluss quert, um auf die eindrucksvolle Straße HW 24 zu stoßen, die die Südspitze des Capitol-Reef-Nationalparks berührt. Nach Süden geht es weiter auf HW 12 nach Boulder City. Es folgt die Fahrt deines Lebens auf einer 60 km langen Etappe über die Höhen des Aquarius-Plateaus. Hell's Backbone (»Rückgrat des Teufels«) ist eine haarsträubende Strecke mit senkrechten Abgründen nach Sand Creek auf der einen und Death Hollow auf der anderen Seite. Die Aussichten sind gewaltig, wenn sich die Piste hinaufschraubt und eine schmale Brücke überquert. Fahre zurück auf den Highway 12 in Escalante, der bis Bryce Canyon in die Felsen gesprengt wurde.

Wenn der Abend anbricht, spielt das wechselnde Licht mit den Felsnadeln in der Schlucht und bietet mit einer fast unwirklichen, farbenprächtigen Kulisse der wilden und wunderbaren Landschaft ein magisches Ende der Fahrt dieses Tages. Von hier aus braucht es nur etwas mehr als eine Stunde, um zum Zion-Nationalpark zu gelangen, einer willkommenen Oase voller Wasserfälle. Entspann dich und wasche den Staub ab im kühlen Nass des Emerald Pool.

Nur 90 km südwestlich von Zion liegt Las Vegas, eine Märchenstadt in der Wüste. Betritt die Welt von 24stündiger Unterhaltung, Elvis-Imitatoren und dem berüchtigten Las-Vegas-Strip.

Wenn du genug hast von dieser Art Märchen, sattle dein Motorrad und reite aus der Stadt hinaus in die Morgendämmerung, in die Mojave-Wüste und das Death Valley (»Tal des Todes«), das unterhalb des Meeresspiegels liegt. Es soll der heißeste Ort der Erde sein. Stille deinen Durst also in Furnace Creek und fahre weiter nach Dante's View, bevor du die Serpentinen und Pässe unter die Räder nimmst, die nördlich nach Mammoth Lakes und dem Yosemite-Nationalpark führen. Hier geht es über den Tioga-Pass, der sich durch Bergwiesen fädelt, entlang des Rückens der Sierra Nevada.

300 km hinter Yosemite, durch Gold Country hindurch, erreichst du das wunderschöne San Francisco. Spanne hier ein paar Tage lang aus und genieße seinen Charme, bevor du auf die 650-km-Strecke über den HW 1 nach Big Sur und weiter nach Los Angeles fährst, dem fantastischen Finale dieser Tour durch den Wilden Westen.

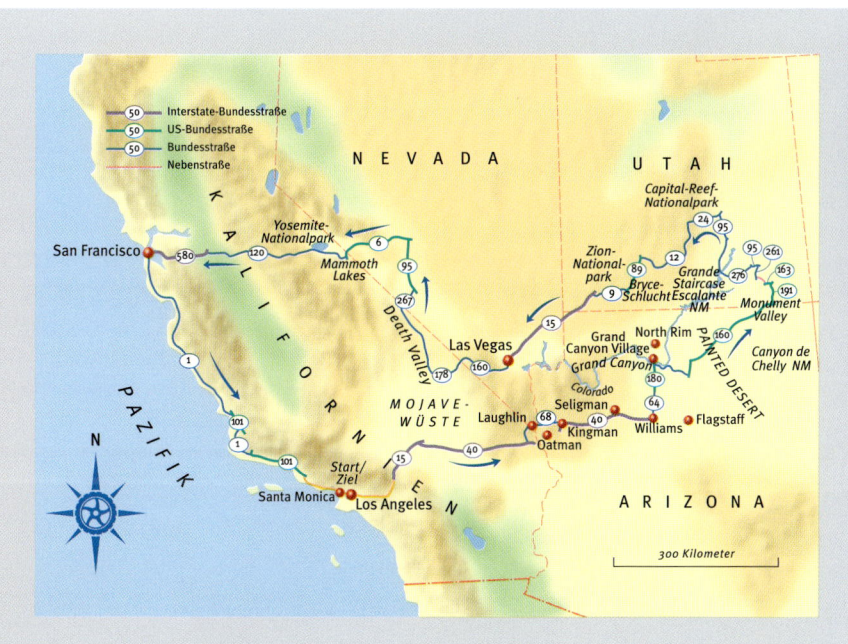

## Wann & wie

**Motorrad:** Man kann problemlos mit der eigenen Maschine einreisen. In Las Vegas, Los Angeles und Phoenix gibt es eine große Auswahl an Mietmotorrädern. Geführte Touren inklusive Maschinen werden ebenfalls angeboten.

**Jahreszeit:** Beste Reisezeit ist September bis Mitte Oktober. In April und Mai blühen die wilden Wüstenblumen. Vermeide die Backofenhitze des Sommers.

**Und anschließend:** Folge der Route 66 von Los Angeles ostwärts bis Albuquerque, dann nordwärts nach Durango für eine Tour in den Rockies von Colorado.

# Route 66: Von Flagstaff nach Los Angeles

*Die Route 66 führt 3939 km durch das Land von Chicago nach Los Angeles und durchquert dabei acht Bundesstaaten. Nach wie vor sind viele Etappen der Strecke befahrbar, und damit lebt ein wenig von Nordamerikas jüngster Geschichte wieder auf.*

▽ *Motorradreisen in den USA können sich lang ausdehnen. Lege daher häufig Pausen ein und genieße die Tour.*

Die Route 66 ist eine der berühmtesten Straßen der Welt, die in der Musik, der Literatur und auf der Leinwand unsterblich gemacht wurde. Zärtlich »Mutterstraße« (Mother Road) genannt, wurde sie 1926 gebaut und führte von Chicago nach Los Angeles. In den 1930er-Jahren suchten Einwanderer auf ihr ein besseres Leben im goldenen Kalifornien. Ab 1937 war sie durchgehend befestigt und wurde zum Haupt-Transportweg für Rüstungsgüter.

USA

*◁ Alte Tanksäulen an der Route 66.*

*▽ Die Kultstrecke der Route 66 verband einst Chicago mit Los Angeles.*

In den 1950er-Jahren war es die Straße, auf der Urlauber Richtung Westküste strömten. Vergnügungsstätten und Bistros siedelten sich entlang der Strecke an, um die Reisenden zu versorgen, bis schließlich die Straße selbst zum Urlaubsziel wurde. Obwohl sie offiziell 1985 stillgelegt wurde, lebt der Geist der Blütezeit dieser Straße weiter.

Auf dieser Motorradtour geht es nicht um Haarnadelkurven oder spektakuläre Ausblicke von schwindelnden Höhen. Tatsächlich war der größte Teil des originalen Highways flach. Es ist vielmehr eine Reise zu einer Lebenseinstellung, eine Motorradtour durch die Geschichte auf einer Straße, die für Freiheit und Abenteuer stand. Welche Motorradarten du auch sonst bevorzugst – eine Harley-Davidson ist die Marke, mit der man die gefeierte Strecke fahren sollte. Setze dich auf eine amerikanische Maschine, wenn du der Straße folgst, die den amerikanischen Traum verkörpert.

## Die Route

Die gesamte Strecke der Route 66 zu fahren, würde wohl drei Wochen kosten. Die beschriebene Etappe kann dagegen in einigen Tagen bewältigt werden. Sie umfasst den letzten Abschnitt zwischen Flagstaff in Arizona und Los Angeles, der zu den am besten erhaltenen der Originalstraße gehört, wo die typischen Tankstellen, Motels und Imbissbuden all das wachrufen, was du bisher über die Route gehört hast. Starte diesen Trip in Phoenix und nimm die Interstate 17 nach Norden, 225 km nach Flagstaff.

Amerika

## Wann & wie

**Motorrad:** Man kann problemlos mit der eigenen Maschine einreisen. In Phoenix und Los Angeles gibt es Mietmotorräder. Geführte Touren inklusive Maschinen werden ebenfalls angeboten.

**Jahreszeit:** Eine gute Reisezeit ist April bis Oktober, doch stelle dich auf Arizonas hohe Sommertemperaturen ein.

**Und anschließend:** Verbinde die Tour mit einer Fahrt durch den Wilden Westen Arizonas.

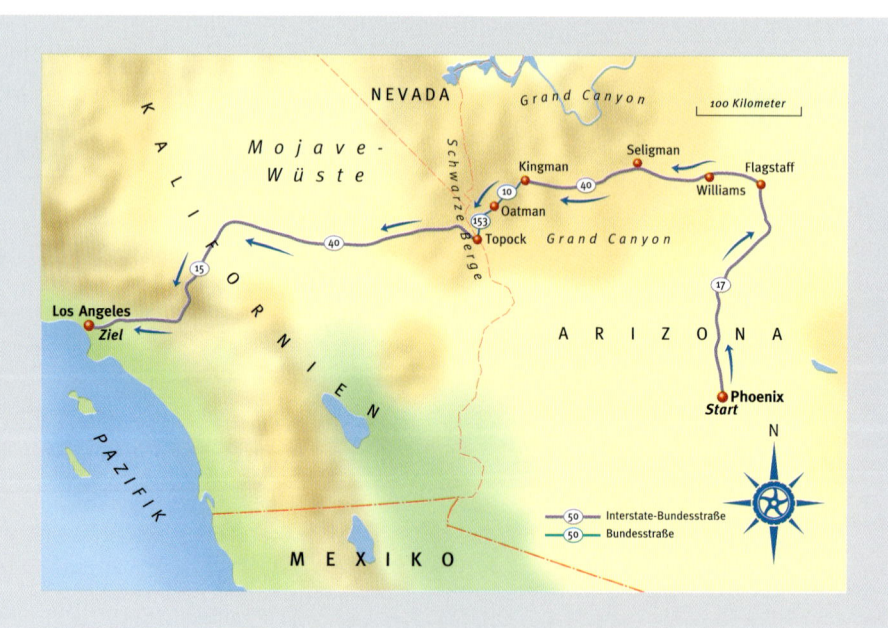

## USA

Etwa 40 km westlich von Flagstaff liegt Williams, das Tor zum Grand Canyon und historisch die Stadt, bei der die *Mother Road* erst am Schluss durch eine Umgehung ersetzt wurde. Park dein Motorrad an einer der gängigen Imbissbuden der 1950er-Jahre oder probiere eine Eis-Soda in Twisters Soda Fountain.

Ein kurzer Schwenk nach Westen bringt dich zum Dörfchen Ash Fork, dem Beginn von rund 260 km der originalen Route 66. Dreh den Quirl zum Anschlag, wenn du über die offene Prärie nach Seligmann bollerst, einer typischen Stadt der 1960er-Jahre. Suche (und teste womöglich) den Friseursalon von Angel Delgadillo, dem Gründungsmitglied der Vereinigung zum Erhalt der *Mother Road*. Die Wände seines Ladens sind tapeziert mit Visitenkarten der durchreisenden Kunden.

Weiter westlich durchläuft die Straße eine Landschaft mit weiten Aussichten. Hol dir Sprit an der Tankstelle von Hackberry, deren Vorplatz eine farbenprächtige Erinnerung an das Nordamerika von 1950 darstellt. Die Straße beginnt südwestlich von Klingman in die Black Mountains hinauf zu klettern, die genussvollste Etappe der Route. Entspanne dich und gleite die schmale Straße entlang, die sich über die Berge windet und schlängelt, durch Schluchten hindurch Richtung Oatman. Einst Zentrum der Goldschürfer, sind heute die staubigen Straßen belebt von Saloons mit knarrenden Dielen und von umherstreifenden Eseln.

Von Oatman fällt die Straße hinab Richtung Topock und kalifornische Grenze. Die kühlen Berge weichen trockener Hitze in dramatischer Landschaft, sobald du durch die Mojave-Wüste Los Angeles ansteuerst. Fahre in die Stadt hinein zum Santa-Maria-Pier. Stell den Motor ab, und während dein Blick über den Ozean schweift, lass die Eindrücke der einmaligen Fahrt auf der Ikonen-Straße sacken.

◁ *Straße durch die Black Hills.*

▽ *Los Angeles, das Ende der Tour.*

# Von der Sierra Madre zur Pazifikküste

*Die Tour beginnt am Rio Grande, durchquert die Chihuahua-Wüste, führt durch die Schluchten der Sierra Madre und über Devil's Backbone zur warmen Pazifikküste.*

Nordmexiko ist eine Region mit vielen Bergen, gigantischen Kakteen und schläfrigen, staubigen Städtchen, wo würzige Tortillas mit Tequila hinunter gespült werden und schnurrbärtige Mariachi-Bands zu wochenlangen Fiestas aufspielen. Folklore und magische Rituale vermischen sich mit dem Katholizismus der spanischen Eroberer, und die Historie der Region hallt wider von Geschichten der mexikanischen Revolution. Der Himmel ist strahlend blau, das Bier ist kalt, und die Herzlichkeit der Mexikaner wird dich überraschen.

▽ *Sechs Schluchten durchziehen das Copper-Canyon-Gebiet.*

Mexiko

Die Möglichkeiten, mit dem Motorrad zu reisen, sind endlos und die unterschiedlichen Landschaften und Fahrerlebnisse dort erstaunlich. Du kannst die Autobahnen auf einem Sportler entlang heizen – die gebührenpflichtigen Straßen sind teuer, aber gut ausgebaut und schnell. Oder du nimmst dir eine Enduro und wagst dich auf die Pisten, um Mexikos natürliche Schönheit zu erleben.

## Die Route

Eine Woche reicht locker für die Tour. Um einige Sehenswürdigkeiten zu erleben, braucht man etwas länger.

Nach Queren der mexikanischen Grenze vom texanischen El Paso aus stößt man auf die ausgedörrten, felsigen Wüsteneien des mexikanischen Nordens. Die Landschaft ist beherrscht von gigantischen Saguaro-Kakteen, nach einem Sommerregen sogar von erstaunlicher Pflanzenpracht. Eine schnelle fünfstündige Fahrt durch die Wüste auf dem Highway 45 bringt dich zur quirligen Stadt Chihuahua, die eng verbunden ist mit der mexikanischen Revolution und dem Leben des Nationalhelden Pancho Villa. Sein Erbe wird heute im Revolutionsmuseum gepflegt.

## Amerika

**Wann & wie**

**Motorrad:** Man kann problemlos mit der eigenen Maschine einreisen. Mietmotorräder in San Antonio (Texas) und Phoenix (Arizona) werden empfohlen. Geführte Touren inklusive Maschinen werden ebenfalls angeboten.

**Jahreszeit:** Mexiko ist ein Ganzjahresziel, doch von November bis Februar werden die Nächte kalt.

**Und anschließend:** Fahre nordwärts nach Phoenix, von wo du die Schlussetappe der Route 66 unter die Räder nehmen kannst. Oder probiere eine Fahrt durch den Wilden Westen Arizonas.

Es macht Spaß, die 230 km auf dem gewundenen HW 16 nach Creel zu fahren, einem Bergstädtchen in 2300 Metern Höhe, umringt von pinien-bewaldeten Bergen. Creel ist ein guter Stützpunkt, um die Kupfer-Schlucht (Copper Canyon) zu erkunden. Der Name bezeichnet ein Netz von Riesenschluchten, die sich durch die Sierra Madre ziehen. Da die Pisten mittlerweile ausgebaut wurden, verbindet nun ein Straßennetz die Canyons. Off-Road-Fahrer können die verbliebenen Pisten genießen, während Asphaltreiter 50 km der befestigten Straße folgen können, die sich an der Kante des Copper Canyon von Creel nach Divisadero entlang zieht.

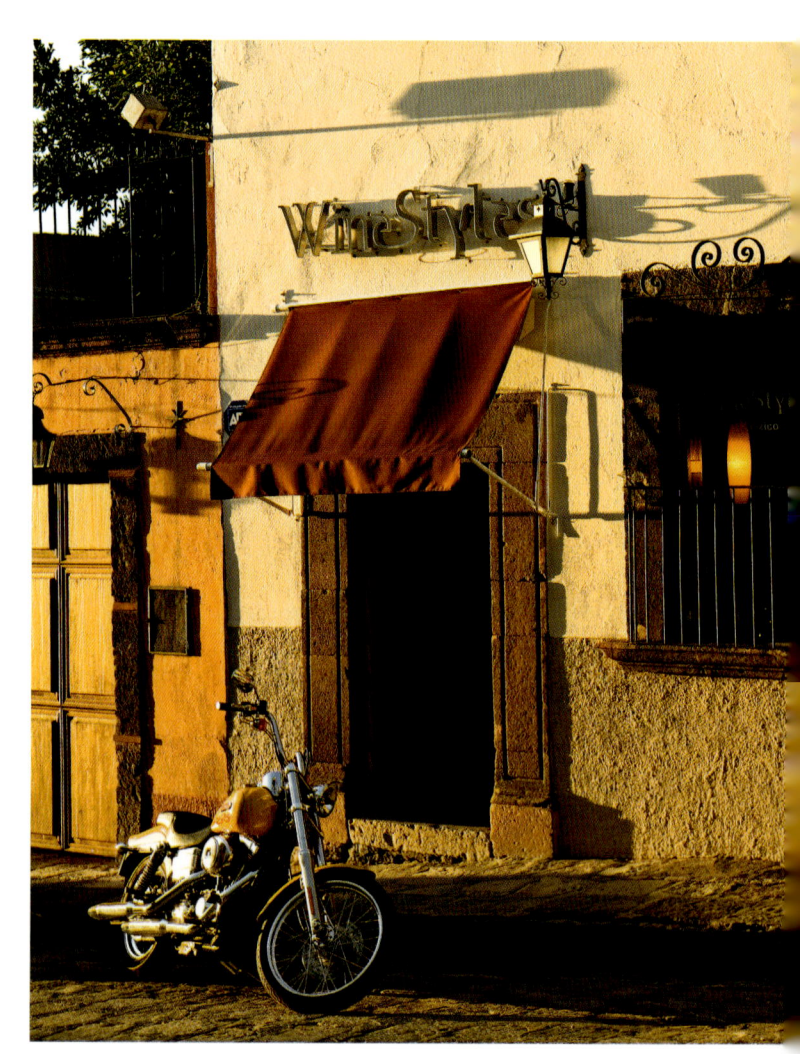

**Mexiko**

◁ *Durango war einst beliebter Drehort für Kinofilme.*

◁ *Ein schattiges Plätzchen auf dem Weg zur Küste bei Mazatlán (linke Seite).*

▽ *Kakteen in Nordmexiko.*

Hütten mit Unterkünften und fantastischem Blick sind an den Rand des Canyons gebaut. Bleibe dort über Nacht und erlebe den farbenprächtigen Sonnenuntergang und die Stille rundum.

Du kannst dein Motorrad ein paar Tage lang zurücklassen und eine Fußwanderung in die Schluchten unternehmen. Oder du fährst die Piste hinunter in das Dorf Batopilas am Grunde des Canyons. Aufregende 150 km führt die nur teilweise befestigte Straße von Creel hinab, schlängelt sich den Tobel hinunter – fast 1500 Höhenmeter durch dramatische Kulissen. Abhängig von deinen Enduro-Fähigkeiten dauert der Abstecher drei bis sechs Stunden. Bei Batopilas wird das Klima merklich wärmer, tropische Früchte gedeihen, und die Straßen sind gesäumt von Bougainvillea.

Du musst dieselbe Straße wieder hinauf nach Creel, von wo du dich südlich auf dem HW 23 hältst. 130 km geht es am Rande der Schluchten nach Guachochi, und weitere 190 km durch kaktus-übersäte Berglandschaft nach Hidalgo del Parral, traurig berühmt durch Pancho Villas Ermordung. Hier ist dir ein kurzer Aufenthalt empfehlenswert, um den Charme des lieblichen Städtchens mit seinen engen, winkligen Gassen zu genießen.

Eine 410 km lange, schnelle Fahrt auf dem HW 45 führt nach Durango, der Cowboy-Stadt und einst bekannten Filmkulisse. Es gibt eine Menge Hotels und Restaurants, auf dem baumbestandenen Hauptplatz entspannt es sich gut im Schatten neben den kühlen Brunnen. Etwa 160 km westlich von Durango triffst du auf den spektakulären Straßenabschnitt El Espinazo del Diablo (»Rückgrat des Teufels«), der sich 170 km lang schmal durch hohe Kiefernwälder und zerfurchte Landschaft schlängelt, bis er hinführt in tropische Vegetation. Hier, südlich vom Wendekreis des Krebses, erreicht man die palmengesäumten Strände von Mazatlán.

# Rundreise um San José

*Eine Fahrt von San José nach Norden durch das üppige Central Valley, dann südlich zu den idyllischen Stränden des Pazifiks, um schließlich zur Hauptstadt zurück zu kehren.*

Das winzige Costa Rica ist Mittelamerika *en miniature*: ein weitgehend sicheres und friedliches Paradies, begrenzt von den warmen Gewässern des Pazifiks und der Karibik. Es ist durch die verschiedenen Landschaften, das farbenprächtige Tierleben und das Klima einzigartig. Entspanne an tropischen Stränden, wo der Regenwald in den Sand übergeht, durchschreite in den Tunneln des Nebelwaldes eine verzauberte Welt und betrachte atemlos, wie aktive Vulkane den Nachthimmel erleuchten.

Die Entfernungen sind kurz, nie mehr als eine lange Tagestour von der Hauptstadt aus. Das Straßennetz ist breit, doch recht unterschiedlich. Kurze Strecken von zweispurigen Hauptstraßen führen aus der Hauptstadt hinaus, verjüngen sich jedoch dann zu einspurigen Schlaglochwegen, nur gelegentlich unterbrochen von einer Staubpiste. Alternativ kannst du die komplette Reise auf dem Netz von Off-Road-Pfaden verbringen, einer anspruchsvollen Kombination von Dreck, Sand und Schotter. Dennoch macht Motorradfahren in Costa Rica enormen Spaß, und die Wahl des Terrains hängt einzig von dir ab.

## Die Route

Die klassische einwöchige Tour verbindet einige von Costa Ricas berühmtesten Höhepunkten auf Pisten und befestigten Straßen.

Halte dich von San José aus nordwestlich durch das Central Valley zum Städtchen Alajuela. Der Blick ist erstaunlich, während die schmale befestigte Straße ansteigt über Obst- und Kaffeeplantagen zur Flanke des Vulkans Poás. Wandere den Weg am Kraterrand entlang, um das dampfende Innere zu betrachten.

Weiter geht es nordwestlich über enge, ausgebaute Straßen, die sich durch traumhafte Täler nach Fortuna winden, dem Tor zum Arenal-Nationalpark und zum Vulkan Arenal, der, typisch konisch geformt und aktiv, regelmäßig Felsbrocken und feurig-rote Lava ausstößt. Es gibt viele Unterkünfte in der Gegend. Stelle also dein Motorrad ab und schließe dich einer der geführten Wanderungen durch den Regenwald an. Beende den Tag mit einem Bad in den heißen Quellen des Tabaçon.

△ *Nimm dir Zeit für die idyllischen Strände Costa Ricas.*

Costa Rica

Räkle dich in den Thermen, lausche dem vulkanischen Rumoren und betrachte den Nachthimmel. Von Fortuna aus fahre nach Westen über die R 142, eine holprige Straße, die 40 km lang am nördlichen Rand des Arenal-Sees nach Tilarán verläuft. Dort biege ab auf eine unebene Piste, die weitere 40 km in das wunderbare Monteverde-Nebelwald-Reservat führt. Die Straßenverhältnisse werden noch rauer – loser Schotter mit großen Felsbrocken –, doch die Ausblicke über Berge und Täler sind gewaltig. Nimm dir also Zeit und genieße die Fahrt. Wenigstens einen Tag solltest du einplanen für die Erkundung der üppigen Vegetation am Monteverde, der die Heimat einer erstaunlichen Vielzahl von Wildtieren ist. Schlendere über die Hängebrücken, um aus der Äffchen-Perspektive den dampfenden Regenwald zu erleben, oder erkunde die Gegend vom Sattel eines Pferdes aus.

▽ *Der Arenal-Vulkan ist noch immer aktiv und hatte seine letzte große Eruption im Jahre 2000.*

Amerika

## Wann & wie

**Motorrad:** Man kann problemlos mit der eigenen Maschine einreisen. In San José gibt es Mietmotorräder. Geführte Touren inklusive Maschinen werden ebenfalls angeboten.

**Jahreszeit:** Die trockene Jahreszeit erstreckt sich von Dezember bis Mitte Mai. Zwischen Juni und Oktober sind die Regenfälle am heftigsten.

**Und anschließend:** Zu anderen hier beschriebenen Touren gibt es keine Überlandverbindung.

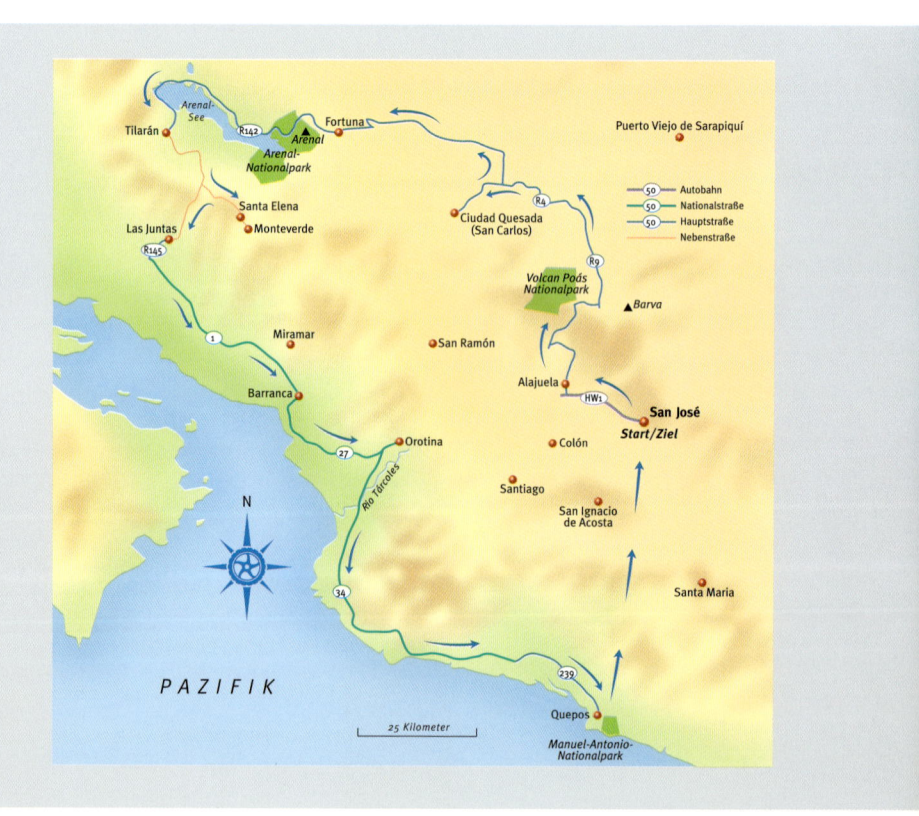

## Costa Rica

Von Monteverde aus brauchst du einen ganzen Tag für die 160 km an die Küste. Etwa 35 km herausfordernder und kurvenreicher Pisten und spektakuläre Aussichten erwarten dich, bevor du auf die Panamerikana nahe Las Juntas einbiegst. Halte dich südlich und biege bei Barranca zum Pazifik ab. Bei der Fahrt über den Rio Tarcoles lohnt ein Stopp, um die Krokodile zu beobachten, die im Uferschlamm faulenzen.

Halbwegs guter Asphalt wechselt mit großen Schlaglöchern, während du südlich nach Quepos und zu den herrlichen Stränden und der unglaublichen Flora und Fauna des Manuel-Antonio-Nationalparks fährst. Erkunde die bergige Gegend auf Schotterpisten, Aug in Auge mit Wildtieren, und entspanne dich an den weißen Stränden.

Mehrere Routen führen von der Küste in die Berge und zurück nach San José, eine Reise von rund 160 km. Die malerischste führt von Quepos über Santa Maria de Dota, erfordert jedoch die trockene Jahreszeit und gerüttelte Offroad-Erfahrung. Eine etwas leichtere Schotterstrecke läuft von Paquera über San Ignacio de Acosta und von dort auf kleineren ausgebauten Straßen zurück nach San José. Dritte Möglichkeit ist die befestigte Straße Richtung Norden nach Jaco über Orotina und schließlich westwärts zurück nach San José, eine recht schnelle Route, die etwa fünf Stunden benötigt. Das ist das Schöne am Motorradfahren in Costa Rica: kurze Entfernungen, ständig wechselnde Landschaftsbilder und ein abwechslungsreiches Fahrterrain.

◁ *Gepackt und abreisefertig* (linke Seite links).

◁ *Schatten für Motorrad und Fahrer – und für den Fahrer dazu noch eine Hängematte ...* (linke Seite rechts).

▽ *Panorama von der Monteverde-Straße aus.*

# Patagonien: Reise zum Ende der Welt

*Eine Reise von Temuco in Chile nach Ushuaia, Hauptstadt der argentinischen Provinz Tierra del Fuego und südlichste Stadt der Welt.*

Wer durch Patagonien nach Tierra del Fuego (Feuerland) an der Südspitze Südamerikas fährt, dem kommt es so vor, als erreiche er das Ende der Welt. Der nördliche Teil ist ein Land der Seen und schneebedeckten Gipfel mit noch fast europäischer, alpiner Erscheinung. Doch Landschaft und Wetter werden wilder und die Siedlungen kleiner und spärlicher, je weiter man nach Süden kommt. Patagonien ist der Teil Südamerikas, der südlich des 37. Breitengrades liegt und aus chilenischem wie argentinischem Territorium besteht. Du wirst auf der Reise die Grenze zwischen beiden Ländern viele Male kreuzen, doch die Fahrt wird nur selten von Zollbeamten verzögert. Entlang der Route sind reichlich Campingplätze und preiswerte Hotels zu finden.

▽ Überwältigende Kulisse im Nationalpark Torres del Paine.

△ *Die Tour beginnt im Seengebiet Patagoniens (Chile).*

Die Anden ziehen sich die gesamte westliche Seite Südamerikas entlang, und du wirst sie mehrere Male auf kurvenreichen Straßen überqueren, was zu den Höhepunkten der Reise gehört. Danach stößt du auf die berühmte Ruta 40, Hunderte von Kilometern Schotterpiste, auf denen du ständig Gefahr läufst, vom starken patagonischen Wind vom Kurs geblasen zu werden. Du wirst dich schnell daran gewöhnen, auch auf gerader Strecke ständig Schräglage zu fahren. Manche Etappen der Strecke kann man jedoch auf befestigteren Straßen umgehen.

## Die Route

Plane zwei bis drei Wochen für die komplette Reise ein, inklusive Besichtigungen und Fahrpausen.

Beginne die Tour in Temuco auf chilenischem Gebiet, eine Gegend, die als »Landstrich der Seen« (Lake District) bekannt ist. Südwestwärts Richtung Anden ist es eine kurze Fahrt von 112 km nach Villarica und Pucon, dem Tor zu einer Region gewaltiger Seen und schneebedeckter Vulkane. Die ebene, befestigte Straße windet sich an einem tiefen blauen See entlang mit dem Vulkan Villarica als Kulisse.

Man kann den Schneegipfel besteigen und in den Krater mit seiner glühenden Lava hinunter schauen, während einem die Schwefeldämpfe in die Nase steigen. Die Fahrt geht weiter auf guten

△ *Der Perito-Moreno-Gletscher wächst noch immer.*

*Der Pass Baralacha La auf der Straße von Manali nach Leh* (folgende Doppelseite).

Pisten in den Villarica-Nationalpark mit gewaltigen Kiefernwäldern und Seen, 87 km zur argentinischen Grenze.

Eine Kombination aus Pisten und Asphaltstraßen bildet die Abfahrt von den Bergen, die dich an vielen Seen vorbei führt. Nach etwa 200 km erreichst du schließlich eine perfekte Teerstraße, die sich nach Bariloche hinein windet, die letzten 20 km am Ufer des Lago Nahuel Huapi entlang. Bariloche selbst ist ein Skitouristen-Städtchen wie aus der Schweiz importiert, wunderschön am Ufer des Sees gelegen, ein Zentrum für Wanderer und Forellenangler.

Von hier aus schlängelt sich das schmale Asphaltband 260 km weiter südwärts durch eine erstaunlich schöne Landschaft, die schließlich zu sanft geschwungenen Hügeln wechselt, wenn das Städtchen Esquel erreicht wird. Die letzten 100 km verlaufen auf der berüchtigten Ruta 40, wo es so stürmisch sein kann, dass du aufpassen musst, nicht von der Straße geblasen zu werden. Südlich von hier beginnt das wilde Patagonien, es gibt nur noch Schotter- oder Staubpisten, gespickt mit Steinbrocken. Die Anden ziehen sich zur Rechten hin und beherbergen die größten Gletscher außerhalb der Polar-Region. Dies ist das Land der *Gauchos,* wie Cowboys auf Spanisch genannt werden, und die einzigen Hinweise auf Siedlungen sind die Schilder an den Zufahrtsstraßen zu den riesigen Viehfarmen (»Estancias«). Halte die Räder deiner Maschine in den Spurrinnen, die andere Fahrzeuge im Schotter gezogen haben, und vermeide, auf den Steinkamm in der Mitte der Straße geblasen zu werden, der oft Dezimeter stark ist.

Einige großartige Abstecher auf dem Weg sollte man nicht versäumen. Bei Tres Lagos, 520 km von Chile Chico, biege von den Ruta 40 auf eine Piste ab, die 150 km zu der kleinen Siedlung El Chalten im Fitzroy-Nationalpark führt.

Von hier aus sind kurze Wanderungen möglich, die großartige Ausblicke auf den Cerro Fitzroy und den Cerro Torre bieten.

## Chile/Argentinien

Kehre zum Abzweig zurück und biege 100 km später nach El Calafate ab, von wo man zum gewaltigen Gletscher Perito Moreno hinabfahren kann, einer der wenigen der Erde, die noch wachsen. Du kannst erleben, wie er kalbt: Beobachte, wie 60 Meter hohe Eisstücke aus der fünf Kilometer breiten Gletscherzunge hinabfallen in den blauen See.

Zurück auf der Ruta 40, fahre südwärts über den Cerro Castillo nach Puerto Natales in Chile. Die Straße ist noch immer ungeteert, und du bekommst Guanacos zu Gesicht (Verwandte der Lamas), vielleicht sogar Kondore und Flamingos in den Salzebenen nahe der Grenze. Es lohnt sich, auf der guten Piste in den Torres-del-Paine-Nationalpark zu fahren. Wunderbare Ausblicke auf die Torres (»Türme«) selbst und die Cuernos del Paine (»Hörner von Paine«) über dem See bieten sich, während du am gegenüberliegenden Ufer entlang fährst.

Zurück nach Osten, fährst du 200 km über windgepeitschte Pampa wieder nach Argentinien, an alten, verfallenen Siedlungen vorbei zur Stadt Rio Gallegos, dem Ende der Ruta 40. Ab hier geht es auf der Ruta 3 weiter Richtung Süden, zurück nach Chile. Nimm die Fähre über die enge Magellan-Straße zur Insel Tierra del Fuego, die Chile und Argentinien unter sich aufteilen, ein wildes Land mit fantastischen Seen, Wäldern und Bergen. Von der Fähre aus ist das Ziel der Reise nicht mehr weit: die 450 km entfernte argentinische Stadt Ushuaia. Am Beagle-Kanal gelegen, ist die Stadt Ablegestelle für Schiffe in die Antarktis, und wenn sie im Hafen vor Anker liegen, kann es dort recht lebhaft sein.

Es gibt nur eins zu tun am Ende deiner langen Reise: Fahre ein paar Kilometer aus der Stadt hinaus, bis es nicht mehr weiter geht. Nach einer langen, anstrengenden Tour bist du nun am Ende der Welt angelangt – *el fin del mundo*.

## Wann & wie

**Motorrad:** Man kann problemlos mit der eigenen Maschine einreisen. In Osorno gibt es Mietmotorräder. Geführte Touren inklusive Maschinen werden ebenfalls angeboten.

**Jahreszeit:** Dezember bis März ist tatsächlich die einzige Zeit für diese Motorradtour.

**Und anschließend:** Zu anderen hier beschriebenen Touren gibt es keine Überlandverbindung.

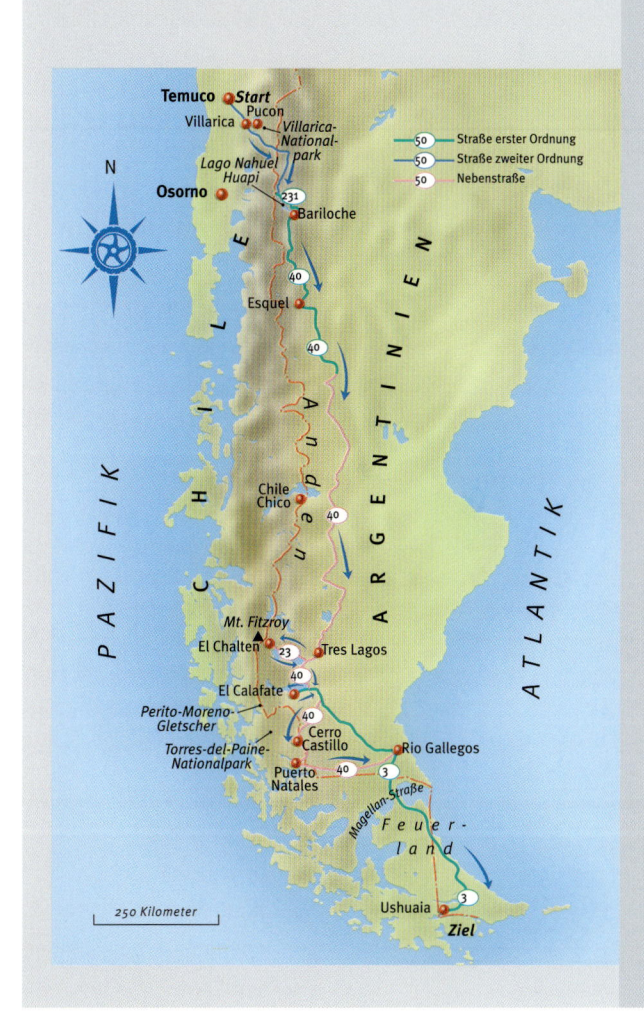

# ASIEN

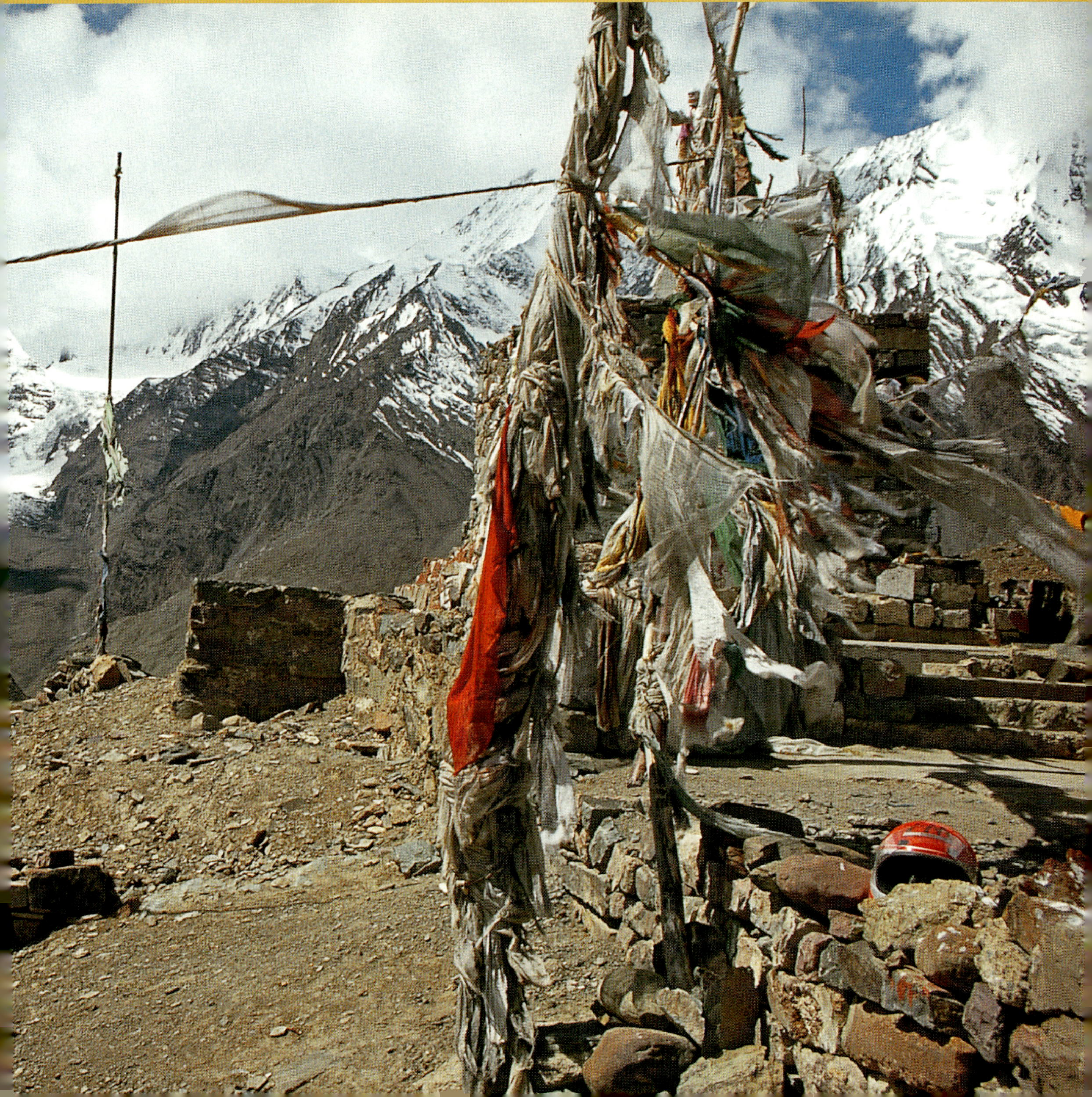

# Rundreise um Colombo

*Die Reise verläuft nördlich von Colombo zum »Kulturdreieck«,
dem etwas südlich gelegenen zentralen Bergland,
bevor es durch die Teeplantagen nach Colombo zurück geht.*

Die Insel Sri Lanka ist ein wunderschönes Paradies mit idyllischen Stränden, dichtem Dschungel und Hochebenen, die mit Tee-Plantagen übersät sind. Uralte buddhistische Kunst wartet in Höhlentempeln und antiken Städten. Die gewaltige Felsenzitadelle bei Sigiriya ragt aus dem Regenwald heraus, von dort hat man einen weiten Blick. Die Landschaft ist atemberaubend und die Speisen sind delikat, doch es ist vornehmlich die warme Herzlichkeit der Menschen, die in Erinnerung bleibt, lange nachdem du die »Insel des Glücks« wieder verlassen hast.

Das Reisen mit dem Motorrad ist die beste Art, die großartige Landschaft zu genießen. Die Straßenverhältnisse sind nicht die besten, und Schlaglöcher durchziehen sogar die Hauptstraßen, doch der Verkehr ist recht langsam. Die Entfernungen zwischen interessanten Orten sind klein, und wenn du mehr Geld ausgeben möchtest, so gibt es einige märchenhafte Quartiere. Die Tour lässt sich entspannt angehen: Nach einer Tagesfahrt durch liebliche Landschaften genieße eine ruhige Unterkunft, von der aus du ein paar Tage lang die Umgebung erkunden kannst.

## Die Route

Die Planung von zehn Tagen für die folgende Tour erlaubt einen zwei- bis dreitägigen Halt in jeder Region.

Brich von Colombo frühzeitig am Morgen auf, bevor der Verkehr zu dicht wird. Die 150 km lange Fahrt nordwärts nach Dambulla ist zwar kurz, doch die zweispurige Schnellstraße ist nicht nur voll, sondern auch hier und da holprig, während sie sich durch eine grüne Landschaft mit Reisfeldern, Bananenplantagen und Kokospalmen windet.

Dambulla ist ein geeigneter Stützpunkt, um die Sehenswürdigkeiten des Kulturdreiecks zu erkunden, das mit Resten uralter Paläste und Städte übersät ist. Man sollte nicht zu überrascht sein, wilde Elefanten die Straße kreuzen zu sehen – es versteht sich von selbst, dass sie Vorfahrt haben! In Dambulla besuche die buddhistischen Höhlentempel. Danach geht es 25 km weiter nordwärts zur großartigen und sehr alten Feste Sigiriya, die sich auf einem 200 Meter hohen Felsturm erhebt.

△ *Buddhistische Höhlentempel in Dambulla.*

Sri Lanka

Am folgenden Tag empfiehlt sich eine 68 km lange Fahrt zur alten Hauptstadt Polonnaruwa, wo sich Tempel und Paläste mit vielen Skulpturen in die umliegenden Wälder ducken. Vom Kulturdreieck geht es auf der A9 Richtung Kandy und Bergland. Fahre an den Gewürzhändlern vorbei, deren Gärten und Stände paradegleich die Straße nahe Matale säumen. Dann führt die Straße hinab über grüne Hügel in das liebliche Seestädtchen Kandy, ein weiterer hervorragender Stützpunkt für einige Tage. Besuche »Buddhas Zahn«, fahre hinaus zu den botanischen Gärten und unternimm einen Tagesausflug zum Pinnewala-Waisenhaus für Elefanten, 40 km westlich von Kandy. Ihre Badestunde im Oya-Fluss ist den Ausflug wert.

▽ *Kandy ist eine der besonders malerischen Städte Sri Lankas.*

## Asien

Von Kandy aus ist die 77 km lange Fahrt ins Bergland unglaublich malerisch, aber auch sehr holprig und dadurch recht langsam. Unterbrich die Reise mit einem Besuch auf einer der Teeplantagen und genieße Tee und Gebäck. Brich aber rechtzeitig wieder auf, um noch bei Tageslicht das alte britische Bergstädtchen Nuwara Eliya zu erreichen, wo du in Hotels übernachten kannst, die sich seit Beginn des 20. Jahrhunderts kaum verändert zu haben scheinen. Hier schlägt das Herz der Teeindustrie, und die Landschaft ist herrlich. Unternimm einen Abstecher zum Horton-Plains-Nationalpark, einer schroffen hochgelegenen Heidelandschaft, wo dramatisch steile Klippen vom »Ende der Welt« durch Nebelschwaden auf die Ebene hinunter stürzen.

Von Nurawa Eliya geht es zurück nach Colombo auf der vielleicht erstaunlichsten Strecke der Reise, der A7, die sich 180 km lang durch saftige Wälder und Teeplantagen schlängelt, nach jeder Biegung bieten sich atemberaubende Ausblicke. Verbringe deinen letzten Abend in Sri Lanka, indem du die Galle Face Green entlang schlenderst, die Promenade am Ufer des Ozeans, belebt von rollenden Garküchen und Familien, die die milde Meeresbrise genießen.

## Wann & wie

**Motorrad:** Es ist kompliziert, das eigene Motorrad nach Sri Lanka zu schaffen. In Negombo gibt es Mietmotorräder. Geführte Touren inklusive Maschinen werden ebenfalls angeboten.

**Jahreszeit:** Beste Reisezeit ist Dezember bis April, doch rechne zu jeder Jahreszeit mit Regen.

**Und anschließend:** Zu anderen hier beschriebenen Touren gibt es keine Überlandverbindung.

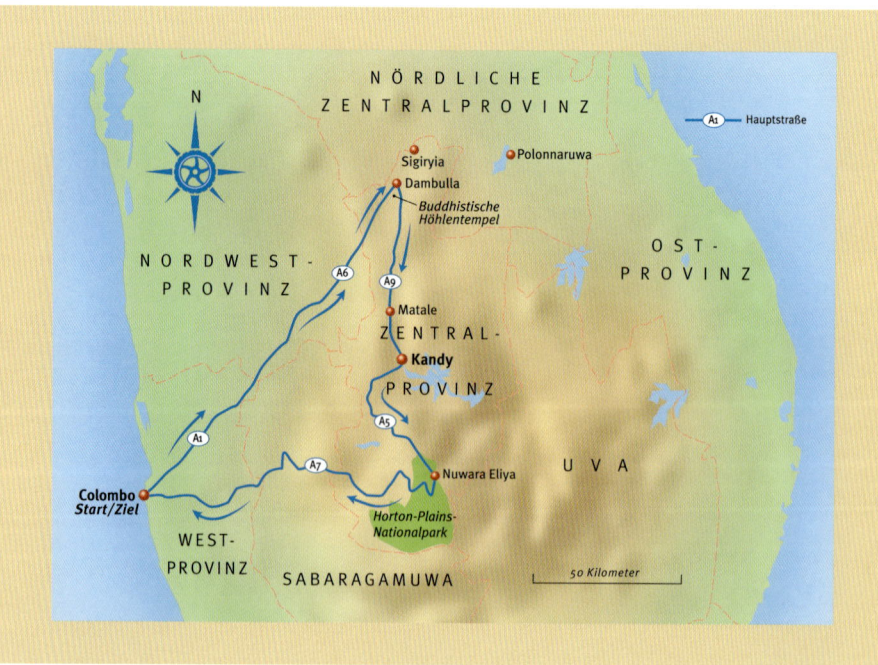

**Sri Lanka**

◁ *Auf einer Piste Sri Lankas.*

◁ *Beginn einer genussvollen Tagestour* (linke Seite).

▽ *Teeplantage nahe Nuwara Eliya.*

# Von Delhi bis Jaisalmer

*Eine Reise von Delhi durch den Bundesstaat Rajasthan nach Jaisalmer in der Großen Indischen Wüste.*

▽ *Farbenprächtige Saris leuchten vor dem Hintergrund staubiger Landschaft* (links).

▽ *Kamelmarkt in Pushkar* (rechts).

Der Wüstenstaat Rajasthan ist das Indien der Sandstein-Burgen, der baulich aufwendigen *havelis* (Wohnanlagen), der Männer mit Schnurrbärten und Turbanen und schönen, hell gekleideten Frauen. Was Farbextreme vor einem Hintergrund von karger Wüstenlandschaft angeht, ist Rajasthan als Tor zum indischen Subkontinent schwer zu überbieten. Vielleicht erweiterst du dein Budget und verbringst wenigstens eine Nacht in einem der früheren Paläste.

Motorradfahren in Indien ist eine nervenaufreibende Erfahrung und nichts für schwache Gemüter. Auf indischen Straßen zählt nur die Größe. Stell dich also darauf ein, notfalls ins Gelände abzubiegen, um entgegenkommenden Lkws oder schlafenden Kühen auszuweichen. Die Hauptstraßen können Knochenschüttler sein, doch abgesehen von dem Verkehrschaos macht Motorradfahren in Indien enormen Spaß und ist eine emotionale Achterbahn. Tränen der Enttäuschung können innerhalb von Minuten in Lachen umschlagen, weil es ständig etwas gibt, worüber man sich freuen kann. Die Menschen, die du triffst, und die Dinge, die du siehst, lassen die Fahrt nie langweilig werden.

Verkehr, Vieh und Menschen konkurrieren um Lebensraum in den Städten, doch außerhalb ist das ländliche Indien magisch.

Wenn du in Indien ein Motorrad mietest, muss es eine Enfield Bullet sein, eine klassische Maschine aus den 1950er-Jahren, die noch immer in Madras gebaut wird. Die Bremsen sind schwach und die Federung rustikal, doch Ersatzteile und Mechaniker weit verbreitet. Geschwindigkeit, Ton und Fahrgefühl passen perfekt zur Umgebung. Die Bullet ist launenhaft, aber unzerstörbar und auf indischen Straßen in ihrem Element.

△ *Einer geht immer noch drauf* (links).

△ *Teestube in der Großen Thar-Wüste* (rechts).

## Die Route

Plane zwei Wochen für die Reise ein, da es viel zu sehen gibt. Eine Motorradtour in Indien kann man nur genießen, wenn man nicht in Eile ist. Die Etappenorte sind zum Teil wunderschön, aber das Fahrerlebnis in Indien macht die eigentliche Reise aus.

Asien

## Wann & wie

**Motorrad:** Man kann problemlos mit der eigenen Maschine einreisen. In Delhi gibt es Mietmotorräder und auch Kaufmöglichkeiten mit Rückkaufgarantie. Geführte Touren inklusive Maschinen werden ebenfalls angeboten.

**Jahreszeit:** Beste Reisezeit ist November bis Februar. Vermeide die Backofenhitze des Sommers.

**Und anschließend:** Von Delhi nordwärts nach Ladakh.

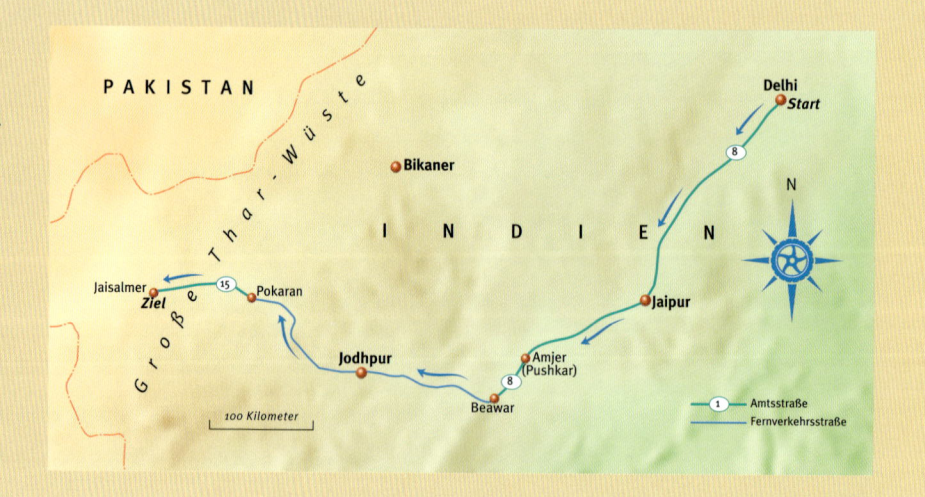

# Indien

Versuche, wie bei jeder Tour in Indien, früh am Morgen loszufahren, wenn die Luft noch kühl ist und das Land langsam erwacht. Brich von Delhi beim ersten Morgenlicht auf, bevor das Verkehrschaos anschwillt. Die 260 km südwestwärts nach Jaipur verlaufen auf einer relativ schnellen, aber stark befahrenen Straße voller Schlaglöcher, fahre also konzentriert.

Verbringe die ersten paar Nächte im rosafarbenen Jaipur und besuche die unzähligen Paläste, Tempel und Bazars. Nur 150 km nach Südwesten sind es bis Pushkar, aber die Durchschnittsgeschwindigkeiten sind auf Indiens Landstraßen niedrig.

Während deiner gesamten Reise wirst du immer einen Chai-Stand am Rand der Straße finden, der süßen Tee anbietet, sowie Erholung von der Hitze und dem Staub. Omelette-Garküchen sind eine weitere Annehmlichkeit, ideal für ein zweites Frühstück, wenn du in der Morgendämmerung aufgebrochen bist. Gib aber acht auf die Chilischoten, falls du Schärfe nicht verträgst!

Versuche, Pushkar im November zu besuchen, wenn dort der jährliche Kamel-Markt stattfindet. Die Dorfbevölkerung ganz Rajasthans reist in die Stadt, mit Kamelen und anderem Vieh, das zum Verkauf angeboten wird. Es ist ein fantastisches Erlebnis, das einen schnell in seinen Bann zieht.

Nach 200 staubigen Kilometern kommt man westwärts von Pushkar nach Jodhpur am Rand der Großen Indischen Wüste. Jodhpur wird beherrscht vom mächtigen Meherangarh-Fort. Erklimme seine Wälle, um die Aussicht über die Stadt und die Wüste unter dir zu bewundern. Von Jodhpur halte dich 300 km westlich nach Jaisalmer in Indiens äußerstem Westzipfel. Es ist eine lange, heiße und staubige Fahrt, doch bei der Ankunft erwartet dich der Anblick von den honigfarbenen Sandsteinmauern des Jaisalmer-Forts, die aus der Wüstenebene vor dir auftauchen. Motorradfahren in Indien ist eine unvergleichliche Erfahrung, die Konzentration, Geduld und vor allem Sinn für Humor erfordert. Halte dich daran, und du wirst die Fahrt deines Lebens genießen.

△ *Palast der Winde in Jaipur.*

◁ *Meherangarh-Festung in Jodphur* (linke Seite).

▽ *Enfield Bullet vor Jaisalmer.*

# Von Manali bis Leh

*Eine Reise von Manali in den fruchtbaren Senken von Himachal Pradesh, durch abgelegene Täler auf die tibetanische Hochebene, schließlich nach Leh im Königreich von Ladakh.*

In der Nordspitze Indiens gelegen, schmiegt sich dieses Shangri-La des tibetischen Buddhismus zwischen die turmhohen Berge des Himalaya und das Karakorum-Massiv. Einst ein wichtiger Kreuzpunkt der Seidenstraße zwischen Zentral- und Südostasien, war Ladakh für Fremde bis 1974 tabu. Heutzutage schirmt das Wetter Ladakh vom Rest der Welt bis zum Sommer ab. Dann aber, wenn der Schnee geschmolzen ist, dürfen wir einen flüchtigen Blick auf das legendäre Land werfen.

▽ *Gata-Kurven, eine Abfolge spektakulärer Serpentinen.*

Mittlerweile ist es möglich, auf dem Highway von Manali nach Leh in dieses abgelegene und wunderschöne Berg-Königreich zu fahren. Die Reise führt an schneebedeckten Gipfeln und uralten Lama-Klöstern vorbei, die auf schwindelerregenden Felstürmen kleben. Die Fahrt ist eine Achterbahn durch eine schöne und schroffe Landschaft. Haarnadelkurven schrauben sich himmelwärts über die hohen Pässe, die man zur sagenhaften Stadt Leh überqueren muss. Die Straße ist einspurig, deren Oberfläche wechselt während der gesamten Reise zwischen Asphalt, Geröll und Schotter. Die Schäden eines Erdrutsches oder zerborstene Brücken sind keine Seltenheit, und die Schlaglöcher sind gefüllt mit Wasser und Schlamm. Die Straßenverhältnisse ändern sich von Jahr zu Jahr, da das Wetter seinen Tribut fordert, doch es ist eine der malerischsten Strecken der Erde, die zu befahren zu den unvergesslichen Erlebnissen gehört.

△ *Der Khardung-La-Pass ist erreicht* (links).

△ *Gebetsfahnen sind ein häufiger Anblick in diesem Teil des Himalayas* (rechts).

## Die Route

Der Weg von Manali nach Leh gehört zu den höchstgelegenen der Erde und schlängelt sich fast 500 km lang über bis zu 4000 Meter hohe Pässe. Die beschriebene Reise umfasst zwei Übernachtungen und Zeit genug, die Tour zu genießen und sich an die Höhenluft zu gewöhnen.

Die Bergstadt Manali ist ein Schmelztigel von indischen Hochzeitspärchen, Gebirgswanderern und ausgeflippten Hippies. Erkunde die Märkte, ergänze deine warme Kleidung und den Proviant. Dann checke das Motorrad durch und fülle den Tank randvoll, bevor du dich auf die abenteuerliche Reise machst.

## Asien

Auf dem Weg aus der Stadt hinaus fordern dich fantasievolle Straßenschilder auf: »Sei zärtlich zu meinen Kurven!« oder »Liebling, bitte mach ein wenig langsamer!« Die Straße beginnt sofort, steil durch atemberaubende Himalaya-Landschaft anzusteigen, die von Gebirgsnebel verschleiert ist. Die Luft wird dünner, die Umgebung unwirtlicher, je näher du dem Rohtang-La-Pass auf 3978 Metern Höhe kommst, gerade einmal eine Stunde Fahrt von Manali entfernt. Im Frühsommer formen noch Mauern von geschobenem Schnee beidseits der Straße einen Tunnel über den Pass. Halte an in Rohtang La, um den Blick auf die gewaltigen Höhen des Spiti zu genießen und deine Bremsen zu prüfen, bevor die Piste in das Chandra-Tal hinab taucht und die Landschaft eine herbe, kahle Schönheit annimmt.

Tibetische Gebetsfahnen erscheinen am Straßenrand, und Klöster winken von entfernten Felsspitzen, während du das Tal entlang rollst. Tanke im Dörfchen Tandi, der einzigen Tankstelle der Route. Übernachte dann in der nahen Stadt Keylong, entweder in einem Gästehaus oder auf einem überdachten Zeltplatz.

Es ist eine schwierige Fahrt hinauf und über den Baralacha-La-Pass auf 4892 Metern Höhe.

▽ *Indus-Tal vor dem Ladakh-Massiv.*

Regen kann die Straße weg geschwemmt haben, rechne also mit Pistenpfaden, Felsen und kalten Gebirgsbächen auf dem Weg.

Das Himalaya-Massiv ist in dieser Höhe im Wortsinne atemberaubend, nimm dir also Zeit zum Akklimatisieren. Verbringe die Nacht im Zeltlager bei Sarchu, rund 150 km von Keylong entfernt, um für die nächste Etappe erfrischt aufzuwachen.

Die 21 Spitzkehren der Gata Loops schrauben sich hinauf durch eine Mondlandschaft zu den Pässen Naki La und Lungalacha La. Lass die Maschine sich erholen und rolle mit abgestelltem Motor wieder hinunter durch eine von Winden erodierte Landschaft. Vom Militärposten Pang steigt die geteerte Straße 40 km lang zur hochgelegenen Mori-Ebene hinauf. Umgeben von Gletschergipfeln, ist die Gegend reich an Wildtieren wie Kyang (Wildesel) und Rotfuchs. Gelegentlich zeigt sich der scheue Schneeleopard. Nur der Tanglang-La-Pass, mit 5325 Metern der zweithöchste befahrbare Pass der Welt, liegt noch zwischen dir und dem Tal des Indus. Der Pass bietet einen Panorama-Blick auf das Karakorum-Massiv, bevor es in Serpentinen hinab geht in die Miru-Schlucht. Dörfer tauchen auf zwischen grünen Weiden, sind Farbtupfer im kargen Fels, ebenso die Klöster an den Berghängen.

Fahre nach Ladakhs Hauptstadt Leh hinein, bevor du eine der berühmtesten Touren der Erde beendest. Auf 3505 Metern Höhe erstreckt sich Leh am Fuß einer Palastruine in tibetanischem Stil. Raste ein paar Tage in dieser schönen Stadt, da dir der höchste befahrbare Pass noch bevorsteht.

Der Khardung La ist das Tor zum üppigen, grünen Nubra-Tal. Der Pass liegt in etwa 37 km Straßenentfernung von Leh. Die 24 km bis zum ersten Kontrollpunkt sind befestigt. Ab da besteht die Straße mehr aus losem Gestein, Staub und gelegentlichem Schmelzwasser. Sie windet sich bis auf unglaubliche 5605 Meter hinauf, eine großartige Ingenieursleistung. Die Ausblicke vom Pass zum tibetanischen Gebirge, zur Karakorum-Region und in das Indus-Tal sind Ehrfurcht gebietend, und während du neben deinem Motorrad stehst, überwältigt dich ein immenses Erfolgserlebnis.

## Wann & wie

**Motorrad:** Man kann problemlos mit der eigenen Maschine einreisen. In Delhi und Manali gibt es Mietmotorräder und auch Kaufmöglichkeiten mit Rückkaufgarantie. Geführte Touren inklusive Maschinen werden ebenfalls angeboten.

**Jahreszeit:** Nur von Juli bis Anfang Oktober ist die beschriebene Strecke nicht gesperrt.

**Und anschließend:** Von Manali sind es rund 600 km nach Delhi, von wo aus eine Rundreise um Rajasthan beginnen kann.

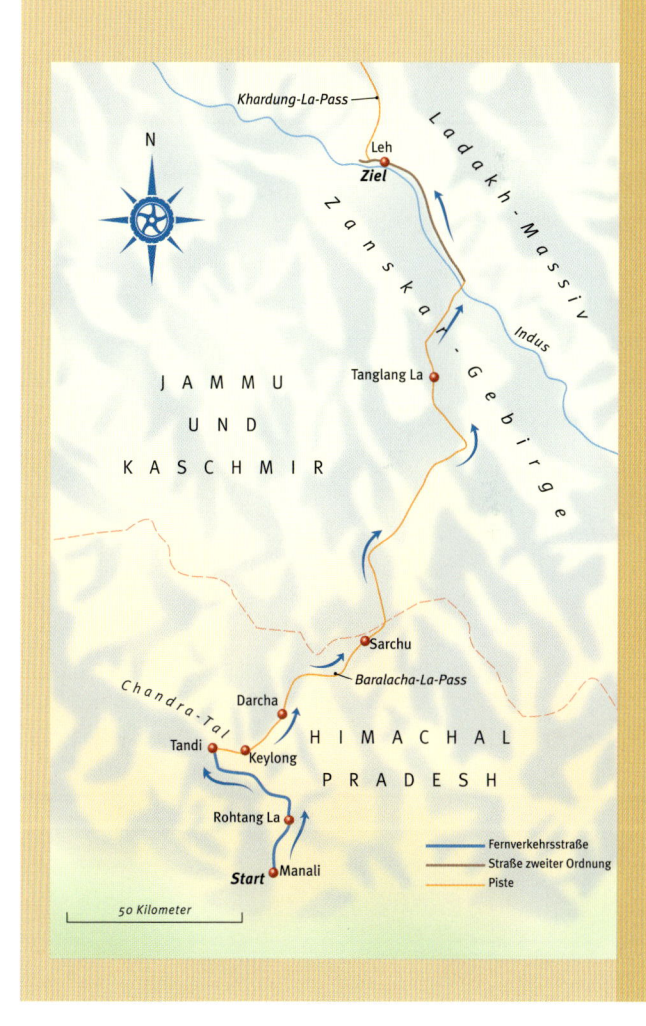

# Von Kathmandu bis Lhasa

*Eine Fahrt von Kathmandu nach Lhasa auf dem 1000 km langen »Highway der Freundschaft« über 5000-Meter-Pässe und durch wilde und abgelegene Landschaft.*

Du bist unterwegs über das Dach der Welt, von den üppigen, tropischen Tälern Nepals über die Pässe des Himalaya zur kargen, einmaligen tibetanischen Hochebene und der ehemals verbotenen Stadt Lhasa. Jahrhundertelang versuchten fremde Mächte, das mysteriöse Lhasa zu kontrollieren, doch das Himalaya-Gebirge hielt sie davon ab. Heute kann man Lhasa über den »Highway der Freundschaft« erreichen, der die beiden uralten buddhistischen Königreiche Nepal und Tibet miteinander verbindet.

▽ *Tal von Kathmandu in Nepal.*

△ *Ein buddhistisches Sakralbauwerk, genannt Stupa. Nepal hat viele dieser hübschen Gebäude, die der Meditation dienen* (links).

△ *Mönch und Motorrad – solange es auf dem Hauptständer steht, besteht keine Gefahr ...* (rechts).

Dies ist eine der abenteuerlichsten Landreisen der Erde. Mit Höhenkrankheit, chinesischer Bürokratie und zerfurchten Staubpisten hat man zu kämpfen. Es wird eine harte Fahrt durch unwirtliche Landschaft für dich und deine Maschine. Eine Herausforderung ist es, die richtigen schmalen Bergsträßchen zu finden, und das unberechenbare Wetter kann die Straßenverhältnisse innerhalb von Stunden ändern. Der chinesische Staat hat begonnen, die Route zu asphaltieren, und die Arbeiten dauern an. Zusammen mit häufigen Erdrutschen sorgen sie für Sperrungen und Umleitungen. Lohn der Mühe sind uralte Städte und Tempel, freundliche Menschen, Hochlandwüsten und enorme Ausblicke auf das Himalaya-Massiv – all dies vom Sattel deines Motorrades aus.

## Die Route

Plane eine Woche für die Tour nach Lhasa, Zeit genug, dich an Klima und Höhe zu gewöhnen, Erholungspausen einzulegen, aber vor allem, die einzigartige Reise zu genießen.

Die mittelalterlichen gepflasterten Gassen Kathmandus, von Palästen gesäumt, sind bevölkert mit Mönchen und Pilgern. Der schwere Geruch von Räucherwerk erfüllt die Luft. Du musst gleich deine Fahrkünste beweisen, indem du mit Riksha-Fahrern und Heiligen Kühen um Platz auf der Straße wetteiferst. Fahre 120 km ostwärts in das Tal von Kathmandu und auf die Arniko-Schnellstraße, Nepals Überlandverbindung mit China und dessen Provinz Tibet.

An der Grenze von Khasa erwarten dich chinesische Zöllner. Ab hier steigt die Straße stetig an, in die Hochtäler des Himalaya und schließlich in die trostlose Wüste Tibets.

Asien

## Wann & wie

**Motorrad:** Es ist nahezu unmöglich, mit dem eigenen Motorrad auf eigene Faust nach Tibet einzureisen. Auch Mietmotorräder sind dort nicht erhältlich. Allerdings gibt es etliche Angebote für geführte Motorradtouren, auch von Deutschland aus.

**Jahreszeit:** Von März bis Oktober ist das Wetter allgemein trocken und klar.

**Und anschließend:** Von Kathmandu nach Delhi, wo du ein Motorrad mieten oder kaufen kannst, nach Rajasthan und Ladakh.

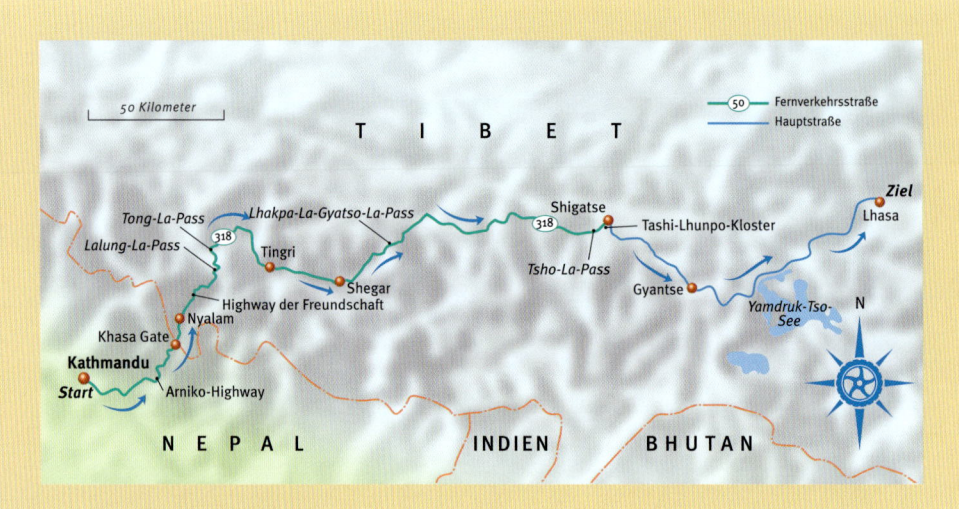

Entlang der Route bieten sich einfache Unterkünfte an. Sollte es spät werden, wenn du die Zollformalitäten hinter dir hast, so verbringe deine erste Nacht in einem Gästehaus des Dorfes Nyalam, gerade 30 km hinter dem Tor nach Khasa gelegen.

Am folgenden Tag trägt dich dein Motorrad über den Doppelpass Lalung La und Tong La, den ersten der 5000-Meter-Pässe, die dir bevorstehen. Halte an und schau zurück auf deinen Weg, wie er sich durch die Schluchten zwischen den Schneegipfeln des Himalaya-Massivs schneidet. Diese unglaublichen Szenen werden dich auf der gesamten Reise begleiten. Wenn die Straße fast nur aus Schlaglöchern und Schotter besteht und die dünne Luft die Fahrt verlangsamt, schalte den Motor aus, steige für ein paar Augenblicke ab und koste das Panorama aus – du befindest dich auf dem Dach der Welt! Das Dorf Tingri liegt unter hochgetürmten Eisfeldern, und die großartigen Ausblicke sind der Lohn für die 150 km harte Arbeit im Sattel.

Nepal/Tibet

Brich früh auf für die 62-km-Fahrt über die Hochgebirgsstraße nach Shegar. Von hier fährst du lange, staubige 240 km über die höchsten Pässe der Route: Lhakpa La, Gyatso La mit 5220 Metern, gefolgt vom Tsho La, schließlich durch winzige ländliche Dörfchen nach Shigatse mit seinem goldgedeckten Tashi-Lhunpo-Kloster.

Von Shigatse aus wähle die südliche Strecke über Gyantse. Sie ist rauer und länger als die Nordroute, doch die Ausblicke sind großartig. Es ist eine fantastische Fahrt, wenn du den Karo-La-Pass kreuzt, und dir dann der türkisfarbene Yamdruk-Tso-See entgegenleuchtet. Die Straße folgt seinem Ufer für einige Zeit, bevor sie plötzlich zum letzten Pass Kamba La steil ansteigt. Nach ihm fällt sie sanft ab in das grüne Brahmaputra-Tal, bewachsen mit Obstplantagen und Feldern, die vom Fluss Kyichi getränkt werden. Genieße den Anblick des Potala-Palastes, während du ins sagenhafte Lhasa hineinfährst, das religiöse und kulturelle Zentrum Tibets.

◁ *Potala-Palast in Lhasa.*

▽ *Spitzkehren in Tibet.*

# Rundreise Chiang Mai – Goldenes Dreieck

*Mae-Hong-Son-Rundreise, nordwärts zum Goldenen Dreieck und zurück nach Chiang Mai über abgelegene Ostprovinzen.*

V erschlafene Sträßchen winden sich durch nebelverhangenen Regenwald, schlängeln sich durch üppigen tropischen Dschungel und durch stille Dörfer. Dieses Land ist berühmt für seine überragende Naturschönheit, seine unverwechselbare Kultur und das herzliche Lächeln der Menschen. Die Städte und Dörfer sind entlang des Mekong-Flusses aneinander gereiht, und die Grenzregionen zu Myanmar und Laos sind die Heimat der farbigen Bergvölker Thailands. Es wimmelt von Bergpfaden zu mystischen Tempeln, goldenen Buddhas und den Ruinen uralter Städte.

Die Ansprüche an deine Fahrkünste sind in Nord-Thailand relativ gering, dafür ist das Fahren selbst unterhaltsam und macht enormen Spaß. Landstraßen mäandern durch Reisfelder, über bewaldete Bergpässe und entlang tropischer Dschungelpfade. Die Entfernungen sind kurz und die Straßen allgemein ruhig. Freiluft-Restaurants bieten kulinarische Köstlichkeiten und sind ebenso Teil jeder Reise in Thailand wie die angenehmen und preiswerten Unterkünfte. Für diejenigen, die eine etwas rustikalere Gangart bevorzugen, bieten Furten, Holzbrücken, Spurrillen und glitschige Hänge spannendes Off-Road-Terrain. Nord-Thailands Netz von Straßen und Pisten ist, vereint mit fantastischem Essen und ebensolchen Quartieren, eine wunderbare Einführung in das Motorradfahren in Asien.

△ *Pause am Rundkurs um Mae Hong Son.*

## Die Route

Die beschriebene Rundreise wird etwa zwei Wochen in Anspruch nehmen, wenn sie mit Besichtigungen und ein paar Tagen Wanderung verbunden wird.

Die Mae-Hong-Son-Rundreise ist ein Netz von Straßen und Wegen südwestlich und nordwestlich der Stadt Chiang Mai. Die Straßen ziehen sich durch eine wilde Berglandschaft voller Tropen- und Teakholz-Wälder, zerklüftetem Kalkstein-Karst und dicht bewachsenen Hängen. Die Region ist eine der gebirgigsten in Thailand, weshalb die Straßen eng sind, mit zahlreichen Serpentinen und Haarnadelkurven.

Thailand

Von Chiang Mai aus halte dich südwestwärts Richtung Mae Chaem, zum Beginn einer spannenden Fahrt durch Spitzkehren auf den Doi Inthanon, Thailands höchsten Gipfel.

Weiter geht es nach Norden über Bergpässe und durch dichten Dschungel in die Stadt Mae Hong Son, erbaut in einem von Bergwäldern umringten Tal. Eine 120 km lange Rundreise von Mae Hong Son nach Pai windet sich durch eine Region mit Wäldern, Bergen und Kalksteinhöhlen, eine wirklich sagenhafte Tour. Pai und das nahe elegene Chiang Dao sind große Trekking-Stützpunkte – für den Fall, dass du deine Beine beanspruchen willst.

Die Route führt weiter nach Tha Ton, 115 km von Chiang Dao entfernt. Hier reist man ins Goldene Dreieck, wo Thailand, Myanmar und Laos zusammenstoßen. Diese Gegend war einst

▽ *Das malerische Mae Hong Son.*

## Wann & wie

**Motorrad:** Man kann problemlos mit der eigenen Maschine einreisen. In Chiang Mai und Bangkok gibt es Mietmotorräder. Geführte Touren inklusive Maschinen werden ebenfalls angeboten, und zwar Asphalt- als auch Enduro-Touren. Bei letzteren ist ein Einführungskurs eingeschlossen.

**Jahreszeit:** Von November bis Anfang Februar ist es kühl und trocken mit klarem, blauem Himmel.

**Und anschließend:** Zu anderen hier beschriebenen Touren gibt es keine Überlandverbindung.

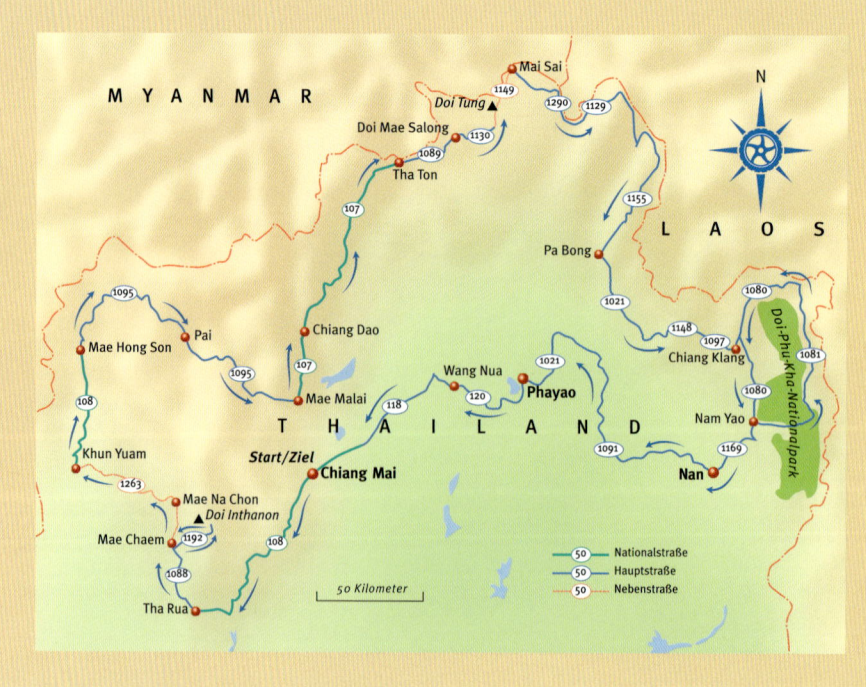

# Thailand

Synonym für Opiumanbau und Drogenschmuggel. Obwohl diese Zeiten längst vorbei sind, existiert bis heute das Netz aus Pfaden zwischen Grenzstädtchen und abgelegenen Dörfern.

Es ist ein Paradies für Motorradfahrer, die das Fahrerlebnis mit dem Besuch farbenprächtiger Dörfer verbinden wollen. Die 50 km lange befestigte Strecke nach Doi Mae Salong bietet eindrucksvolle Bergkulissen und -dörfer. Weiter schlängelt sich die Straße durch Monsunwald hinauf auf den 1800 Meter hohen Doi-Tung-Gipfel, von wo der Ausblick atemberaubend ist. Es ist eine kurze, 35 km lange Fahrt nach Mai Sai, Thailands nördlichster Stadt, die mit der Grenze zu Myanmar per Brücke über den Sai-Fluss verbunden ist.

Nach einer Übernachtung halte dich südostwärts entlang der Grenze zu Laos. Wenig Verkehr und perfekter Asphalt warten hier, zudem die abenteuerliche Rundtour in den abgeschiedenen Doi-Phu-Kha-Nationalpark.

Folge danach einer erhöhten, kurven- und aussichtsreichen Straße nach Nan, dem Königreich aus dem 13. Jahrhundert. Von dort sind es rund 300 km nach Chiang Mai durch die ländliche Provinz Phayao. Die gleichnamige Stadt liegt an einem malerischen See, auf den sich herrliche Blicke ergeben bei der Fahrt westwärts nach Wang Nua, die durch großartige Wälder führt. Wenn dir Zeit dazu bleibt, unternimm noch einen Abstecher von Chiang Mai südwärts zu Thailands idyllischen Stränden. Ruhe dich unter einer Palme aus und lasse die berauschende, mitreißende Fahrt durch den tropischen Norden noch einmal Revue passieren.

◁ *Das Goldene Dreieck, in dem sich Thailand, Myanmar und Laos treffen.*

▽ *Abgelegene Dörfer gibt es im Goldenen Dreieck reichlich. Sie sind eine Erkundung wert.*

# Rundreise nördlich von Hanoi

*Eine Tour nach Nordwesten über Bergdörfer zum Bergbahnhof Sa Pa, dann nordwärts in die entlegene Provinz Ha Giang entlang der chinesischen Grenze, bevor es nach Süden zurück geht nach Hanoi.*

Hier geht es auf Bergpfaden durch nebelverhangene Täler mit saftiger Vegetation und dampfenden Bambuswäldern. Übernachte in einsamen Dörfern mit farbenfroh gekleideten Menschen, deren Kultur sich über Jahrhunderte erhalten hat. Die lebendigen Märkte der Region ziehen die Bewohner abgelegener Dörfer an, um mit ihren Waren zu handeln und Kontakte zu pflegen – eine Möglichkeit für junge Männer und Frauen, sich zu treffen. Oft nennt man sie daher auch »Liebesmärkte«. Du wirst die Möglichkeit zu Bergwanderungen haben und die heimische Küche genießen können, die eine wundervolle Kombination aus französischen, thailändischen und chinesischen Einflüssen ist.

▽ *Ha Giang in Vietnam.*

Das Straßennetz ist begrenzt, Hauptwege sind oft nur einspurige Pfade. Hier geht es nicht mit Höchstgeschwindigkeit voran. Vielmehr führt die Tour abenteuerlich über entlegene Wege, die selten ausgebessert werden und losen Schotter, Schlaglöcher und Furten aufweisen. Königin der Straße ist die weißrussische Minsk mit 125 cm³ Hubraum. Liebevoll von den Vietnamesen *con trau gia* (»alter Büffel«) genannt, besitzt diese robuste kleine Maschine einen eigenen Fanclub. Alle Mechaniker des Landes wissen, wie man sie repariert, und Ersatzteile sind leicht erhältlich, was sie zum idealen Motorrad für eine Reise in den bergigen Norden macht.

△ *Geführte Tour nach Dong Van in der Provinz Ha Giang* (links).

△ *Lächelnde Gesichter auf dem Pha-Din-Pass* (rechts).

## Die Route

Die beschriebene Rundreise über 2100 km erfordert rund zwei Wochen, wenn sie mit Besichtigungen und Wanderungen von ein paar Tagen verbunden wird.

In Hanoi herrscht chaotischer Verkehr, anstrengend vor allem in den heißen Stunden des Tages, wenn Abgase die schwüle Luft verpesten. Brich daher früh auf, und nimm dein Frühstück am Fuß purpurner Berge ein, bevor das Zweirad-Chaos die Stadt beherrscht. Die NH 6 ist die Hauptstraße nach Nordwesten. Sie ist stark frequentiert, nimm dir also viel Zeit für die 135 km lange Strecke ins Mai-Chau-Tal. Alternativ kannst du die kleinere Straße parallel nehmen, die durch die schönen Dörfer der Muong- und Tai-Volksgruppen führt. Übernachte im Mai-Chau-Tal in einem Pfahlbau-Gästehaus, während dein treues Ross sicher unten zwischen den Hühnern parkt.

Asien

*Eine Straße schlängelt sich in der Provinz Ha Giang den Berg hinauf.*

Am nächsten Tag geht es auf einer stetig ansteigenden Straße rund 200 km weiter nordwestwärts, an Tee- und Kaffeeplantagen vorbei, durch Täler und über den Chen-Pass zur Stadt Son La, wo sich heute ein Museum im ehemaligen französischen Gefängnis befindet. Übernachte in Son La und brich früh auf zu einem Besuch des Vormittagsmarktes der Tai in Thuan Chau. Weiter geht es über malerische Bergpässe wie dem Pha Din (»Himmel und Erde«), einem der höchsten des vietnamesischen Nordens. Stärke dich mit einem Mittagessen in Tuan Giao, bevor du die 150 km lange raue und felsige Strecke in das Bergstädtchen Sin Ho in Angriff nimmst. Die Kulisse ist unglaublich schön, wenn du Passhöhen überquerst, die steile Berge durchschneiden.

Übernachte in Sin Ho, dessen Markt sich farbenfroh und lebendig präsentiert. Die Fahrt wird einfacher, wenn du die Stadt verlässt und in ein Tal hinabtauchst, danach den Tram-Ton-Pass nach Sa Pa erklimmst. Sa Pa ist ein bekannter Ferienort, der mit einer großen Palette an Unterkünften, Restaurants und Wandermöglichkeiten wirbt.

Von dort sind es drei Stunden auf der Route 70, gefolgt von 40 km Piste zum Marktstädtchen Bac Ha, das von den blumengeschmückten Frauen der Hmong-Volksgruppe bevölkert ist. Von hier aus bringt dich eine weitere felsige 40-km-Piste nach Xin Man. Bleibe hier, um den Sonntagsmarkt zu erleben, der Bewohner aus den entlegenen Bergdörfern der gesamten Region anzieht. Such den Markt frühzeitig auf, um genügend Zeit für die vierstündige, kurvenreiche Strecke über Bergpässe nach Ha Giang zu haben, der Hauptstadt dieser abgelegenen Nordprovinz.

Ab dort sind deine Fahrkünste ebenso wie die Robustheit der treuen Minsk gefragt, da du sehr kümmerliche Straßenverhältnisse in Angriff nimmst. Du benötigst auf jeden Fall außer einer Erlaubnis einen Führer. Dieser wird dir wertvolle Einsichten in die Geschichte und Kultur der Region vermitteln, indem er dich zu Dörfern führt, die sonst nur schwierig zu finden wären. Unglaubliche Bilder vom Sattel deines »Alten Büffels« sind der Lohn, wenn Wolken die Sicht auf farbenprächtige Dörfer freigeben, die inmitten zerklüfteter Berge versteckt liegen, auf Kalksteinzinnen, die sich über die schmalen Sträßchen erheben.

Die 175 km nach Meo Vac streifen die Grenze nach China. Das ist eine Fahrt durch eine wilde, zerfurchte Landschaft, auf Straßen, die nur selten ein Fahrzeug sehen. Erklimme den 1500 Meter hohen Pass Ma Pi Leng auf einem Weg, der sich den Hang einer enormen Schlucht hinauf schlängelt. Meo Vac liegt in einem von überwältigenden Kalksteinformationen und senkrechten Felswänden umgebenen Tal.

Übernachte dort und tanke Kraft für die schwierige 230-km-Tour zum Ba-Be-Nationalpark. Dein Führer ist auf dieser Etappe unbezahlbar, da du Waldpfade, Bergpässe und Furten zu bewältigen hast. Bei der Ankunft im Nationalpark selbst ist das Erfolgerlebnis immens. Erhole dich ein paar Tage lang, unternimm eine Kanu-Tour auf dem Ho-Ba-Be-See und genieße frischen Flussfisch.

Wieder im Sattel der Minsk, gelangst du unter Umgehung der Nationalstraße über die Colie-Passstraße nach Cao Bang. Die 180-km-Tour ist rau, doch sind die Eindrücke unglaublich schön, wenn man durch tiefe, uralte Wälder fährt. In Cao Bang wird Zeit zum Mittagessen sein. Dann brich auf in Richtung Ma-Phuc-Pass, ein Gebiet mit Kalksteinkarst und Dörfern der Nung- und Kadai-Volksgruppen. Mach in einem der friedlichen Dörfer Station und erkunde die aufregende Landschaft der Region. Die Wasserfälle von Ban Gioc bilden eine natürliche Grenze zwischen Vietnam und China, und es besteht die Möglichkeit, eine Wildwasserfahrt auf einem Bambusfloß hinüber an das chinesische Ufer zu unternehmen.

Für eine malerische Rückkehr nach Hanoi fährst du südwärts in die Grenzstadt Ta Lung, danach über Berge und durch das Dong-Khe-Tal nach Bac Son. Die Straße ist holprig und wird auf den letzten 40 km zur Piste, doch windet sie sich durch eine einmalige Landschaft. Übernachte in Bac Son und beende am nächsten Tag die Tour in Hanoi, eine leichte Etappe von 160 km. Wasche schließlich den Staub von deiner treuen Minsk, die sich den Titel »Alter Büffel« redlich verdient hat.

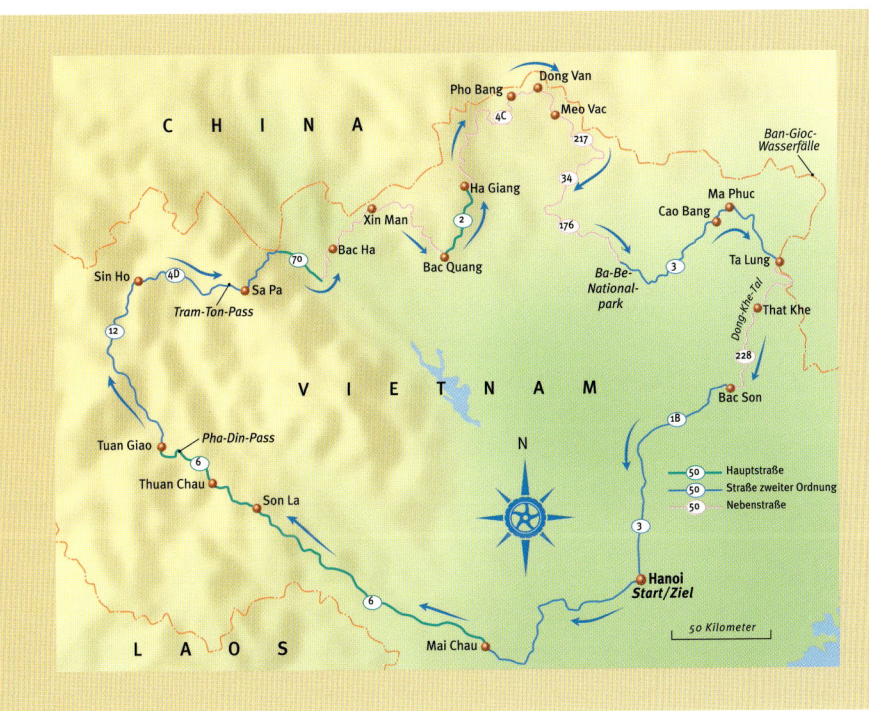

## Wann & wie

**Motorrad:** Man kann mittlerweile problemlos mit der eigenen Maschine einreisen. In Hanoi kann man eine Minsk mieten. Geführte Touren inklusive Maschinen werden ebenfalls angeboten.

**Jahreszeit:** Die trockene Saison dauert von Oktober bis April. Vermeide die Regenzeit zwischen Mai und September, wenn sich die Pisten in Schlammwege verwandeln.

**Und anschließend:** Zu anderen hier beschriebenen Touren gibt es keine Überlandverbindung.

# Nördliche Seidenstraße: Xian bis Urumqi

*Die nördliche Seidenstraße streift den Rand der Wüste Gobi, läuft um den berüchtigten Hexi- oder Gansu-Korridor, besucht den letzten Außenposten des chinesischen Reichs und endet an den Ufern des Himmel-Sees.*

Die sagenumwobene Seidenstraße offenbarte dem Westen die Geheimnisse des chinesischen Reiches, und jahrhundertelang reisten Karawanen von der Reichshauptstadt Xian durch unwirtliche Wüsten und über trostlose Bergpässe, um Handel zu treiben mit Kaufleuten aus Indien, Persien und dem Mittelmeerraum. Jahrhunderte später blieb China noch immer ein Geheimnis, viele Beschränkungen erschwerten Motorradreisen auf den Pfaden jener unerschrockenen Handelsreisenden. Mittlerweile ist China zugänglicher, und man kann sich Motorradgruppen anschließen, die Etappen jener entlegenen Route fahren; und das auf Maschinen, die in der Lage sind, wie die Kamele vor ihnen, dem harten und unversöhnlichen Terrain zu trotzen.

Während die Fahrt selbst nicht allzu schwierig ist, kann die Tour dennoch anspruchsvoll sein, wegen frustrierender Bürokratie und oft dramatisch wechselndem Wetter. Packe also dein Regenzeug ein sowie genügend warme Schichten, aber vergiss auch nicht Sonnenschutz und leichte Kleidung für die bis zu 40 Grad warmen Tage. Die Oberflächen der wichtigsten Straßen sind durchweg gut. Doch gibt es ständige Ausbesserungsarbeiten, und wenn du eine solche Baustelle erreichst, kannst du durchaus auf eine Nebenstraße umgeleitet werden, deren Zustand sich schnell verschlechtert, Strecken mit Staub, Schotter und Sand inklusive. Motorradfahren in China ist dennoch lohnend und aufsehenerregend, da große, moderne Maschinen eine Rarität sind. Rechne also mit einem enthusiastischen Menschenauflauf, wo immer du anhältst.

## Die Route

Zwei Wochen müssten für diese 3500 km lange, abenteuerliche Reise ausreichen.

Die alte Reichshauptstadt Xian war für die Karawanen entweder Beginn oder Ende einer mühseligen Reise. Lenke die Maschine aus den uralten Stadtmauern hinaus westwärts in Richtung der großen Sandwüste Gobi. Eine 700-km-Etappe führt bis zur Grenze der Provinz Gansu, eines wilden und zerfurchten Landes. Die Stadt Lanzhou bildet den Eingang des berüchtigten Hexi- oder Gansu-Korridors. Einst ein Haupt-Umschlagplatz der Seidenstraße, ist die Stadt heute berühmt für ihre köstlichen Fleischnudeln.

▽ *Die alte Reichsstadt Xian.*

Übernachte in einem der regierungseigenen Hotels, die an der Strecke zu finden sind.

Von Lanzhou aus sind es rund 300 km nach Wuwei am östlichen Ende des Gansu-Korridors, der insgesamt eine Länge von 1000 km aufweist. Er erstreckt sich zwischen den erstaunlichen schneebedeckten Gipfeln von Qilian Shan im Süden und den Weiten der Wüste Gobi im Norden, wobei er sich streckenweise auf bis zu 15 km verengt. Eine Fahrt durch diese Region ist spektakulär.

Auf den 500 km von Wuwei nach Jiayuguan hast du fantastische Ausblicke auf die Große Mauer. Die Straßen dieser Etappe befinden sich in einigermaßen gutem Zustand. Die restaurierte großartige Zitadelle Jiayuguans thront auf dem gleichnamigen Pass und wird umrahmt von den kahlen, schneegekrönten Qilian-Bergen. Die Festung bewachte den Pass und bildete als Schlussstein der Großen Mauer den Außenposten des chinesischen Reichs. Jenseits davon begann das wilde Gebiet der feindseligen Stämme, voller Wetterextreme und ewig wanderndem Wüstensand.

Die 400-km-Strecke nach Dunhuang kann schwierig werden, wenn dich Straßenarbeiten auf Schotterabschnitte umleiten. Am Rande der Wüste gelegen, war Dunhuang eine wichtige Oasen-

△ *Chinas Große Mauer ist ein außerordentlicher Anblick.*

Asien

stadt, die Schutz vor Sandstürmen, Hitze und Kälte bot. Sie fungierte ebenfalls als Zentrum für Kultur und religiöse Kunst, da nicht nur Waren von Kaufleuten, sondern auch Ideen ausgetauscht wurden. Die Höhlen bei Mogao, nur 25 km südlich von Dunhuang, waren die ersten buddhistischen Tempel, die die Handelsreisenden auf ihrem Weg nach China erreichten. Sie gehören heute zum Weltkulturerbe der UNESCO.

Lange Etappen durch die Wüste Gobi sind schnurgerade und verkehrsarm. Daher kannst du durchaus das Gas aufdrehen auf der 440-km-Fahrt nach Hami in der Provinz Xinjiang, einer ausgedehnten Gegend mit Wüsten und vielen Bergen. Die Bergketten des Tian Shan (»Himmelsberge«) verlaufen von West nach Ost, und im Süden liegt die Taklamakan-Wüste, eine der unwirtlichsten der Erde.

Die Landschaft ist rau und wasserarm. Daher stille deinen Durst in Hami, berühmt für seine köstlichen Melonen, von denen du für die 400 km nach Turpan am besten ein paar in den Tankrucksack packst. Die Wetter-

## Wann & wie

**Motorrad:** Die aktuellen Beschränkungen sorgen dafür, dass es sehr schwierig und teuer ist, mit dem eigenen Motorrad nach China einzureisen – obwohl es durchaus Westeuropäer gibt, die dies geschafft haben. Stationen für Mietmotorräder sind nicht bekannt, doch geführte Touren inklusive Maschinen werden angeboten.

**Jahreszeit:** Von April bis Oktober ist die Strecke befahrbar.

**Und anschließend:** Zu anderen hier beschriebenen Touren gibt es keine Überlandverbindung. Ein kurzer Flug bringt dich jedoch nach Ulan-Bator, von wo aus eine Reise durch die Mongolei möglich ist.

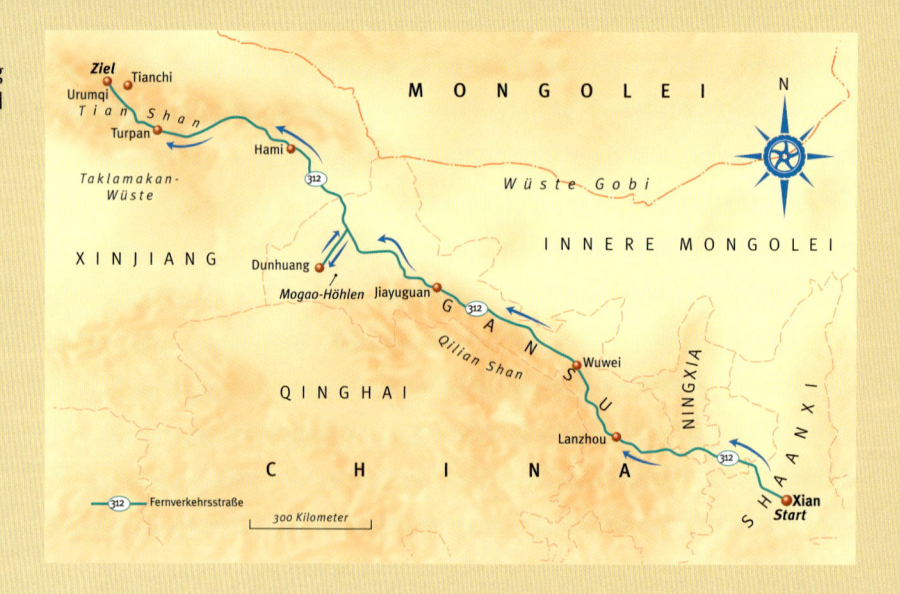

China

extreme auf der Etappe fordern ihren Tribut von der Straße, und die unvermeidlichen Umleitungen auf Pisten können die Fahrt nicht nur heiß, sondern auch staubig machen.

Turpan liegt in einer Senke 80 Meter unter dem Meeresspiegel. Die berühmten Weinberge dieser Oase der nördlichen Seidenstraße werden vom Schmelzwasser der Tian-Shan-Berge gewässert. Mache einen Abstecher in das 10 km östlich von Turpan gelegene »Tal der Trauben« und erhole dich einige Zeit in diesem Paradies. Koste vom traditionell-uigurischen gebratenen Lamm-Kebab unter dem willkommenen Schatten der Weinstöcke. Später empfiehlt sich ein kurzer Trip hinaus in die »Flammenden Berge«, um einen großartigen Sonnenuntergang zu erleben. Die roten Sandsteine des Gebirges scheinen im Wüstendunst zu flimmern.

Verlasse die grüne Oase Turpan und fahre 200 km über weite Ebenen und karge Landschaft nach Urumqi. Die Straße ist rechts und links von Wüste gesäumt, und die Berge bieten einen beeindruckenden Hintergrund. Die Temperaturen können 40 Grad überschreiten, eine trockene Hitze mit heftigen Winden.

Urumqi ist der Endpunkt der chinesischen Etappe der Seidenstraße. Feiere den Ausklang deiner Reise am Himmels-See, 110 km östlich von Urumqi. Das türkisfarbene Wasser liegt in 2000 Metern Höhe und ist von Schneegipfeln und Kiefernwäldern umgeben. Die kühle Luft erfrischt, und Wanderpfade führen dich durch Wälder und über Blumenwiesen. Übernachte in einer der traditionellen kasachischen Jurten am Seeufer und betrachte die Sterne über dir, während du über die Reise entlang der weltberühmten Handelsroute nachsinnst.

◁ Die »Flammenden Berge« beeindrucken bei Sonnenuntergang.

▽ Jurten, Kamele und etwas weniger traditionelle Transportmittel am Himmelssee.

# Rundreise Ulan-Bator – Wüste Gobi

*Eine Fahrt von Ulan-Bator südwärts durch die Wüste Gobi in ein Gebiet, in dem Dinosaurier lebten und mächtige Reiche blühten, zurück nach Ulan-Bator über die Khogno-Khan-Berge.*

Stell dir vor, du fährst unter dem weitesten blauen Himmel, den du je gesehen hast, und teilst die Straße lediglich mit Kamelen, Schafen und Reitern. Der Eindruck von Raum und Freiheit bei der Fahrt über die offenen Steppen der Mongolei ist atemberaubend. Die Faszination, die das Land ausübt, liegt in seinen Naturwundern und der Gastfreundlichkeit seiner Menschen. Jugendliche Reiter galoppieren wie der Wind vorbei, Raubvögel kreisen am Himmel, und verstreut über die Steppe liegen die Jurten der Mongolen. Dieses weite Land ist eins der am dünnsten besiedel-

▽ *Traditionelles mongolisches Jurtenlager.*

ten Gebiete der Erde, und seit den Tagen von Dschingis Khan hat sich das Leben der einheimischen Nomaden kaum geändert: Sie leben auf dem Rücken der Pferde und ernähren sich von dem, was die Steppe bietet.

Jurtenlager für Touristen bieten traditionelle komfortable Unterkunft und sind über das ganze Land verteilt. So erlebst du den althergebrachten Lebensstil bei jeder Übernachtung.

Was die Unterschiedlichkeit der Straßenverhältnisse angeht, ist die Mongolei schwer zu übertreffen: Weideland, Wüsten, Bergpässe wechseln sich ab mit Schlaglochstraßen und steinigen Pfaden, während die Gobi graue Schotterpisten und Strecken mit Tiefsand bietet. Tankstellen, wie wir sie kennen, gibt es nicht, und ein Satellitennavigationsgerät ist willkommene Technik in einem Land mit so wenigen Straßen. Denn nur eine Handvoll Asphaltstraßen, raue Pisten und Pferdespuren führt durch den Großteil der unberührten Wildnis und macht sie so zu einem idealen Ziel für Offroad-Ambitionen. Wenn du das Motorradfahren auf unbekanntem Terrain magst und die Übernachtung in Zelten unter weitem, sternenübersätem Firmament, dann ist die Mongolei dein Motorradhimmel.

△ *Der Wettbewerb im Bogenschießen ist Teil des Nadaam-Festes* (links).

△ *Pferderennen in Nadaam, ein weiteres der »drei männlichen Spiele«* (rechts).

## Die Route

Plane sieben bis zehn Tage für die Rundreise ein, die einen tiefen Eindruck von abenteuerlichen Fahrten über Berge, durch Wüste und Steppe bietet.

△ *Wüste Gobi.*

▷ *Manchmal braucht man etwas Hilfe.*

*Enduro-Rennen in der Finke-Wüste* (folgende Doppelseite).

Wenn du Anfang Juli in Ulan-Bator ankommst, wirst du das berühmte mongolische Nadaam-Festival erleben. Teste deine Fähigkeiten: Die *eriin gurvan Nadaam* (»drei männliche Spiele«) bestehen aus Bogenschießen, Ringkampf und Reiten.

Es gibt Musik und Tanz, und der Dschingis-Khan-Wodka fließt in Strömen. Lasse schließlich das Fest hinter dir und fahre südwärts etwa 250 km auf einer der wenigen Hauptstraßen in die Steppe. Irgendwann endet der Asphalt, und hier beginnt das Abenteuer, in dem du die Magie dieses schönen Landes entdeckst. Die letzte Etappe des Tages führt über raue Staubpisten zu den eindrucksvollen Felsformationen von Baga Gazriin Chuluu, die 1768 Meter hoch aufragen.

Das mongolische Wort für Jurte ist *Ger*. Übernachte in einem nahen *Ger*-Lager, um am frühen Morgen frisch zu sein für die 400 km weite Fahrt nach Süden in die Wüste Gobi zur Stadt Dalandzagdad. Suche dir einen Stützpunkt westlich der Stadt, um ein paar Tage lang die Region auf steinigen und sandigen Wüstenpfaden zu erkunden. Bayandzag (»Lodernde Klippen«) sind ein lohnendes Ausflugsziel, dort wurden in den 1920er-Jahren Dinosaurier-Eier gefunden. Besuche die »Gletscher«-Schlucht von Yolim Am (»Adlerschnabel«) und die enormen Khongor Als, die größten Sanddünen der Mongolei.

## Mongolei

### Wann & wie

**Motorrad:** Man kann mittlerweile problemlos mit der eigenen Maschine einreisen. Geführte Touren inklusive Maschinen werden ebenfalls angeboten.

**Jahreszeit:** Von Juli bis September kann diese Tour mit dem Motorrad gefahren werden.

**Und anschließend:** Zu anderen hier beschriebenen Touren gibt es keine Überlandverbindung. Ein kurzer Flug bringt dich jedoch nach Bejing, von wo du eine Reise entlang der nördlichen Seidenstraße antreten kannst.

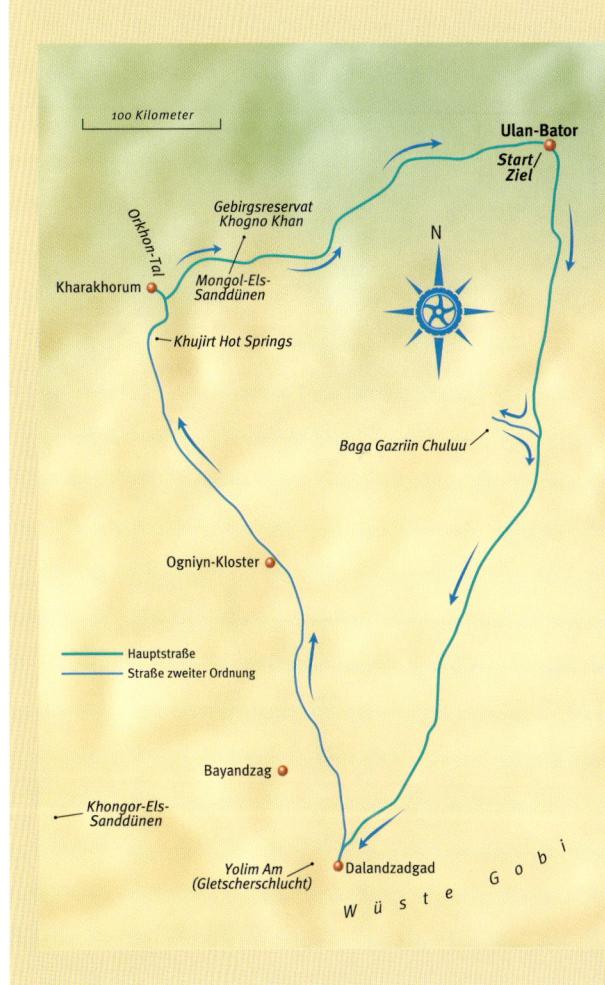

Es geht nun nach Norden über weite Ebenen zum Ogniyn-Kloster, wobei du in einem weiteren *Ger*-Lager am Ogni-Fluss übernachtest.

Von hier sind es 250 km ins Orkhon-Tal und in die Ruinenstadt Karakorum, Hauptstadt der Mongolei vor vielen hundert Jahren. Ihre Mauern umgeben das außerordentliche und aktive buddhistische Kloster Erdene Zuu. Wenn die Fahrt ein wenig hart war, erhole dich in den nahen heißen Quellen von Khujirt und übernachte in einem *Ger*-Lager.

Fahre 100 km weiter nordöstlich in das Reservat der Khogno-Khan-Berge über Felsen, durch Steppe und dichte Wälder. Übernachte in einer Jurte nahe den Dünen von Mongol Els, bevor du auf einer Asphaltstraße 300 km nach Ulan-Bator zurückkehrst. Das »Land der blauen Himmel« ist ein großartiges Motorradziel und hinterlässt einen gewaltigen Eindruck.

# AUSTRALIEN

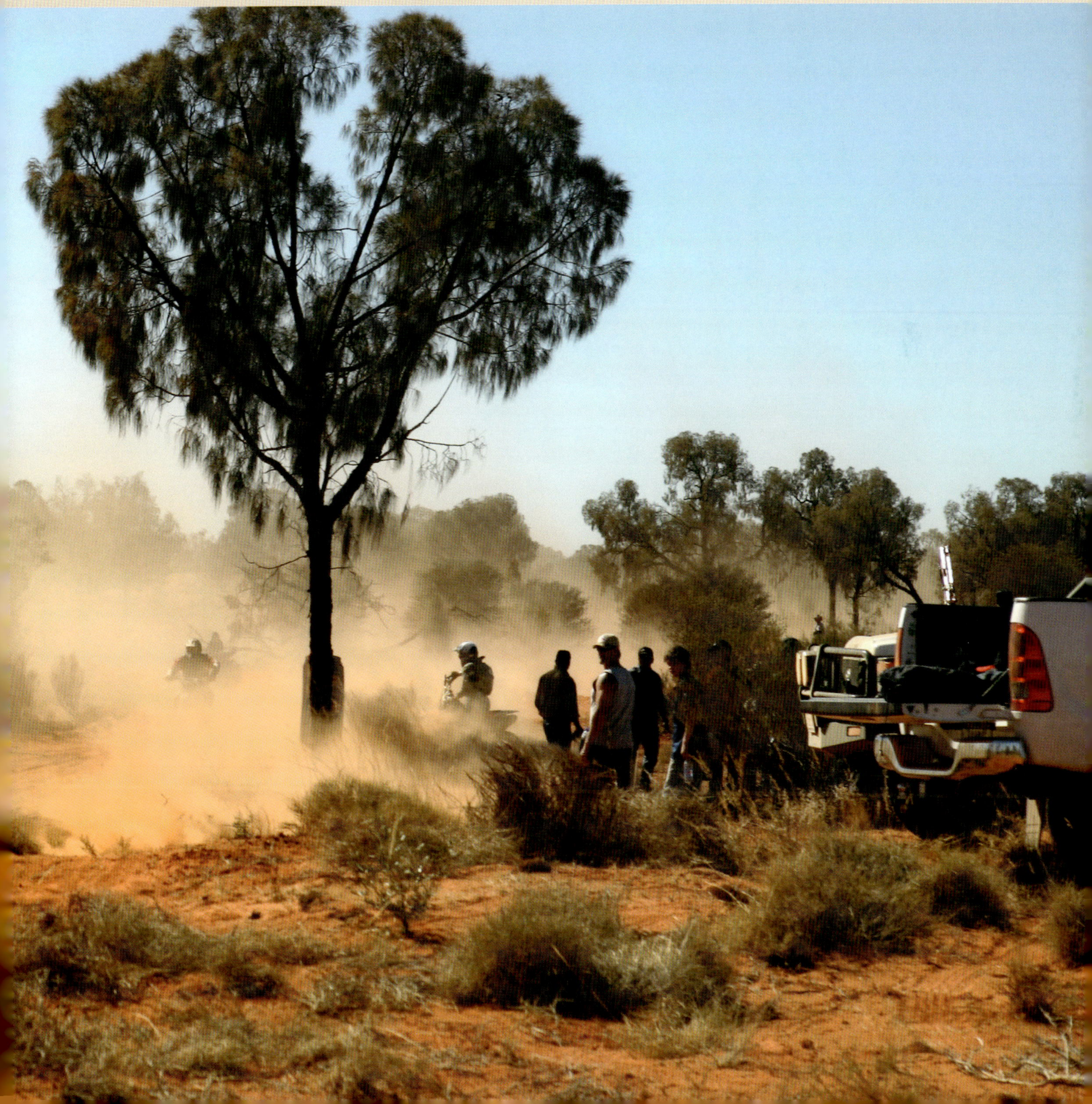

# Von Darwin bis Alice Springs: Nordspitze und Red Centre

*Eine Fahrt von Darwin und der üppigen tropischen Vegetation der Nordspitze durch die trockenen Wüsten des Nordens und über den Südlichen Wendekreis zum »Red Centre« Australiens.*

Diese Region Australiens ist die Heimat der Aborigines, der Ureinwohner des Kontinents. Die Reise beginnt und endet an zwei ihrer heiligsten Stätten. Kakadu ist an der äußersten Nordspitze Australiens gelegen. In der ursprünglichen Wildnis des Reservates lassen sich auf einer Wanderung zwischen zerklüfteten Klippen Tausende von Felsmalereien der Aborigines finden. Die üppige tropische Vegetation der Nordspitze wird von einer dürren, trockenen Landschaft abgelöst, wenn man südwärts durchs Herz des Nord-Territoriums fährt. Hier verzweigen sich Outback-Pisten vom Asphaltband in die Wüste hinein, und abgelegene Rasthäuser leben vom Durchgangsverkehr.

▽ *Straße nach Uluru (Ayers Rock).*

Australien

Wenn man sich den Wüsten des »Red Centre« nähert, wo die Erde rot wird, tauchen surreale Formationen vor dem Hintergrund eines weiten, blauen Himmels auf. Hier trifft man auf Australiens erstaunlichste Naturwunder, das unbestritten Größte ist der Uluru-Sandsteinfelsen (auch: Ayers Rock), der sich dramatisch aus der Heimaterde der Ureinwohner erhebt. Er wechselt seine Farben während des Tages und zieht Besucher vom ganzen Erdball an. Die Reise durch diese Region vermittelt eine Momentaufnahme des Lebens im Outback und der Geschichte dieses uralten Landes und seiner Menschen.

Die beschriebene Tour von der Nordspitze zum Red Centre ist lang. Der Stuart-Highway, oft auch »The Track« genannt, ist nach John McDouall Stuart benannt, dem ersten Europäer, der Australien von Nord nach Süd durchquert hat. Der Highway teilt das Herz des Kontinents in zwei Hälften und vermittelt einen Eindruck von der Größe des Riesenlandes. Mitte der 1980er-Jahre komplett geteert, führt er durchs entlegene Outback, wobei er gut ausgeschilderte Tankstellen und Werkstätten bietet. Du kannst stundenlang, ohne ein anderes Fahrzeug zu sehen, auf einem schnurgeraden Band fahren, das sich bis zum Horizont erstreckt.

Dennoch handelt diese Reisebeschreibung nicht von der Straße, sondern von den Orten und Städten am Weg, von den Menschen, die du in den Rasthäusern triffst, vom Humor und der Gastfreundschaft der Einwohner, die ihr Leben in dieser rauen Umgebung eingerichtet haben.

△ *Pause am Uluru, Heiligtum der Aborigines* (links).

△ *Die Tour beginnt in Darwin* (rechts).

## Australien

## Wann & wie

**Motorrad:** Man kann problemlos mit der eigenen Maschine einreisen. In Darwin und Alice Springs kann man Motorräder mieten. Geführte Touren inklusive Maschinen werden ebenfalls angeboten.

**Jahreszeit:** Beste Reisezeit für den tropischen Norden ist Mai bis Oktober. Für das Innere des Kontinents gilt dies für die Zeit Oktober bis November und März bis Mai.

**Und anschließend:** 400 km südlich von Alice Springs liegt bei Marla der Abzweig zur Oodnadatta-Piste. Oder halte dich weiterhin südwärts, bis du nach 155 km auf den Weg von Coober Pedy triffst.

## Die Route

Der Stuart-Highway umfasst insgesamt etwa 2800 km von Darwin nach Adelaide. Die beschriebene Tour erstreckt sich nur über 1500 km von Darwin nach Alice Springs. Das lässt sich in ein paar Tagen abfahren, doch wer die Nationalparks an beiden Enden besuchen will, sollte mindestens zehn bis vierzehn Tage einplanen.

Verlasse Darwin auf dem Stuart-Highway und biege nach etwa 45 km auf den Arnhem-Highway ab, auf dem es 150 km weit zum Kakadu-Nationalpark geht. Der Abstecher lohnt sich, um ein paar Tage die unglaubliche Vielfalt der Vegetation und des Tierlebens im Park zu entdecken.

Zurück auf dem Track, fahre 300 km südlich nach Katherine, dem Ausgangspunkt für einen Besuch der großartigen Katherine-Schlucht. Ab hier folgt eine 1100 km lange, heiße und staubige Fahrt nach Alice Springs. Höhepunkte dieser Etappe sind die Busch-Kneipen am Weg, die den Durchreisenden Unterkunft, Benzin und Unterhaltung bieten. Das Larrimah-Hotel 175 km südlich von Katherine ist eine typische Outback-Kneipe, die sich der höchsten Theke des nördlichen Territoriums rühmt. 100 km weiter liegt das historische Daly-Waters-Pub, dessen Lizenz seit 1893 besteht. Seine Wände sind mit Erinnerungsstücken von Besuchern geschmückt, und eine Übernachtung bietet sich an, um ein paar Bier mit anderen Reisenden zu trinken und den Tank für die Wüsten Zentral-Australiens zu füllen.

Die Landschaft wird trockener und karger auf dem *Track* 400 km weiter bis nach Tennant Creek. Es geht die Sage, dass die Stadt gegründet wurde, als in den 1930er-Jahren ein Lkw voll Bier zu Bruch ging und sich die Fahrer beim Einsammeln der Güter entschieden, hier zu bleiben. Nach Tennant Creek vermischt sich die Kulisse mit zerklüfteter Wüstenlandschaft. Eine 100-km-Fahrt führt dich zu den »Teufelsmurmeln« (»Devil's Marbles« oder *Karlu Karlu*), gewaltige runde Findlinge, die die Ureinwohner für Eier einer Schlange hielten, die sie im Regenbogen erkannten. Es

Australien

lohnt sich, hier zu zelten, um Sonnenauf- und -untergang zu erleben, wenn die »Murmeln« und die Wüstenumgebung eindrucksvoll aufleuchten. Möchtest du es komfortabler und bist an Aliens interessiert, so kommst du 25 km südwärts nach Wycliffe Well, bekannt für seine UFO-Visionen und eine enorme Auswahl an Biersorten. Etwas weiter südlich liegt der Barrow-Creek-Pub, eines der ältesten Rasthäuser am *Track*. Ursprünglich eine Telegrafenstation, verfügt es über eine blutrünstige Geschichte. Dort lohnt eine Übernachtung, bevor du die restlichen 282 km nach Alice Springs unter die Räder nimmst.

Rolle an den Ausfahrten zu Outback-Pisten östlich nach Queensland und westlich zur Tanami-Wüste vorbei und fahre nach Alice Springs hinein, der heimlichen Hauptstadt des »Red Centre«, einem lebendigen Outback-Ort, umgeben vom orangen und purpurnen Glühen des MacDonnell-Gebirges. Von Alice Springs aus führt eine fantastische Route aus befestigten und losen Pisten zum Westteil der Berge, weiter zum Kings Canyon über die 200-km-Mereenie-Rundstrecke, dann südwestwärts weitere 320 km auf einer befestigten Straße zum Uluru (Ayers Rock), der sich majestätisch aus der flachen Umgebung erhebt.

▽ *Piste in der Nähe von Alice Springs* (links).

▽ *Staubpiste des Red Centre* (rechts).

Australien

# Der Oodnadatta-Track

*Eine Fahrt durch Wüstenflächen entlang des berühmten Oodnadatta-Tracks in Südaustralien, von Marree nach Oodnadatta, schließlich zur Opalmine von Coober Pedy.*

△ *Achte auf Australiens ungewöhnlichen Wildwechsel!*

Südaustraliens Outback ist von Adelaide aus leicht zugänglich, jedoch heiß, wild und trostlos. Die Gegend ist bekannt für ihre originellen Menschen, die mit skurrilen Erzählungen und mit ihrem Humor der Einsamkeit Farbe geben. Die Oodnadatta-Piste folgt dem alten Ghan-Schienenstrang, benannt nach den afghanischen Kamel-Karawanen, die die Strecke vor Erfindung der Eisenbahn entlang zogen. Auf der beschriebenen Route lässt sich viel entdecken, da sich die Geschichte des Landstrichs mit ihr verbindet. Die Tour endet in Coober Pedy, das sich die Atmosphäre einer Grenzstadt bewahrt hat und dessen Einwohner noch immer nach dem großen Opal graben.

Die Reise über eine von Australiens legendären Wüstenstraßen führt über mörderische Wellblechpisten und steinige Etappen mit lebensgefährlichem Wildwechsel, vor allem in der Dämmerung. Du wirst auch auf *bull dust* (»Bullenstaub«) treffen, ein feines Pulver, das tiefe Löcher verdecken und einen ebenen Weg vortäuschen kann. Wenn du dein gestürztes Motorrad ein paar Mal aufgehoben hast, wirst du die Warnschilder beachten. Für dieses Terrain sind Enduros am besten geeignet.

Der Pistenzustand hängt vom aktuellen Wetter ab. Höre dir also rechtzeitig die Vorhersagen an und plane sorgfältig Tank- und Wasserstellen ein. Diese Outback-Piste wird im Allgemeinen gut instand gehalten und regelmäßig genutzt, doch unterschätze nicht die möglichen Gefahren! Sie ist wild und einsam, das Motorradfahren kann dort unglaublich anstrengend sein – doch eine Reise nach Australien ist nur mit einer Tour durchs Outback komplett. Mit ein wenig Planung wird sie zum Höhepunkt deines Besuchs.

## Die Route

Mit zwei Übernachtungen im Outback sollte die Tour drei Tage beanspruchen.

Der Oodnadatta-Track beginnt am alten Endbahnhof von Marree. Verlasse die Stadt im frühen Morgenlicht, wenn die Luft noch kühl ist. Nimm deine Konzentration zusammen, um die beste Fahrspur auf der Straße zu finden. Wenn du noch keine Erfahrung mit Wüstenpisten hast, so nimm dir Zeit, um ein Gefühl für den Untergrund zu bekommen. Nach rund 100 km hinter Marree schimmert die Illusion eines weiten Ozeans am Horizont.

**Australien**

Kommt das Trugbild näher, wird das Meer zur weißen Salzkruste des Südlichen Eyre-Sees. Etwa 25 km hinter dem Salzsee halte die Augen nach einer Abzweigung offen. Wenn du unter dem weiten Himmel zelten möchtest, gibt es einen Campingplatz in Coward Springs. Bevorzugst du jedoch ein Bett, so liegt William Creek weitere 75 km später an der Oodnadatta-Piste. Dieses kleine Städtchen ist von der weltgrößten Rinderfarm umgeben. Im berühmten Hotel von William Creek, 1887 als Versorgung des Ghan-Schienenstrangs gebaut, gibt es Benzin, Unterkunft und Essen.

Danach wird die Piste rauer und steiniger. Die nächsten 200 km führen dich nach Oodnadatta, das bis 1929 Endstation der Eisenbahnlinie war.

▽ *Die Fahrt nach Oodnadatta ist eines der eindruckvollsten Erlebnisse in Australien.*

△ *Die berühmte Opalmine Coober Pedy.*

▷ *Willkommener Anblick nach einer staubigen Fahrt.*

Das Pink Roadhouse (»Rosa Rasthaus«) erscheint nach der Reise durch die Wüste märchenhaft. Sein Anblick lässt nicht nur die Landschaft heller erscheinen, sondern hebt auch die Stimmung. Hier kann man Unterkunft, die legendären »Oodnaburger« und wichtige Ratschläge zum weiteren Streckenverlauf bekommen. Ergänze Spritvorrat und Proviant, inspiziere das Motorrad gründlich und brich dann erneut in die Wüste auf.

Derzeit endet die Piste 200 km weiter westlich in Marla, wo sie auf den Stuart-Highway trifft. Alternativ kannst du dich südwestwärts halten, 230 km weit durch das Wüstengebiet *Painted Desert* nach Coober Pedy fahren, der wilden Stadt um eine Opalmine. Die Straße dorthin wechselt von Schotter- zu Steinpiste mit einer Menge von tückischen *bull-dust*-Löchern. Man kann sie in einem Tag schaffen, doch 135 km vor Coober Pedy gibt es einen Campingplatz. Die Szenerie unterwegs ist Ehrfurcht gebietend und das Licht magisch, vor allem in Morgen- und Abenddämmerung. Die *Mad-Max*-Filme wurden hier gedreht, die offene Weite dieser kargen Landschaft war ideal. In Coober Pedy wasche dich und deine Maschine in einem Bergwerkshotel und trinke mit Einheimischen und Besuchern dein redlich verdientes Bier in einer der lebhaften Bars.

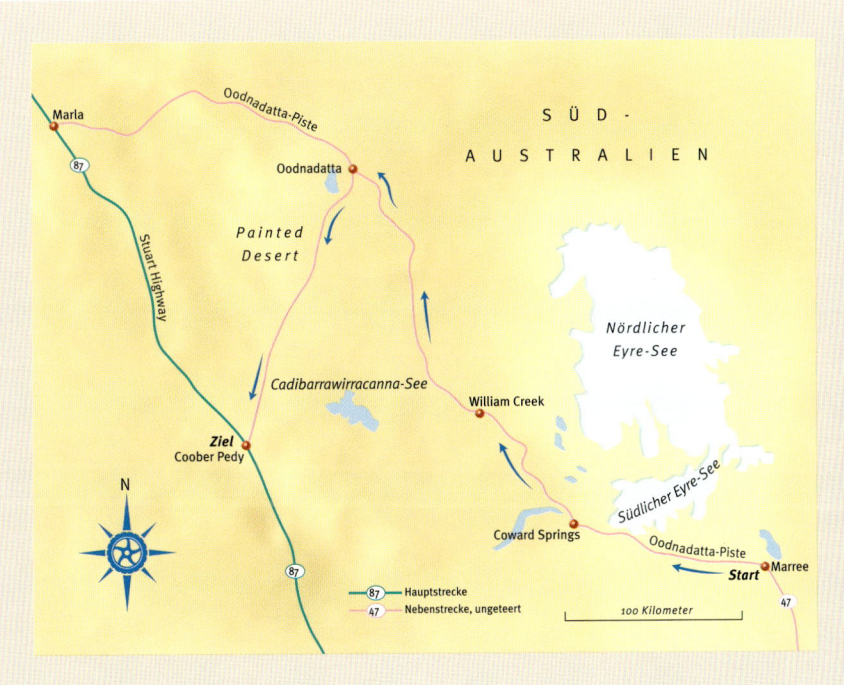

**Motorrad:** Man kann problemlos mit der eigenen Maschine einreisen. In Melbourne und Adelaide kann man Motorräder mieten. Geführte Touren inklusive Maschinen werden ebenfalls angeboten.

**Jahreszeit:** Beste Reisezeit ist Mai bis September. Oktober bis März sollte man wegen der hohen Temperaturen besser vermeiden.

**Und anschließend:** Fahre entweder in Marla oder in Coober Pedy auf den Stuart Highway und halte dich entweder nordwärts nach Alice Springs (Reise durch das »Red Centre«) oder südwärts nach Adelaide (Große Küstenstraße).

## Wann & wie

# Große Küstenstraße

*Eine Fahrt nach Westen entlang der Küste Victorias, 380 km weit von Melbourne nach Warrnambool.*

Der Bundesstaat Victoria liegt an Australiens Südwestküste. Für seine geringe Größe bietet er eine Menge Sehenswürdigkeiten, viele davon in Tagesreichweite von Melbourne. Besuche die eindrucksvollen Felsblöcke des Grampians-Nationalparks, die Schneegipfel der Victoria-Alpen oder die prachtvollen Weingebiete des Yarra-Tals. Ein Höhepunkt jeder Tour durch diese Region ist die Fahrt auf der Großen Küstenstraße (»Great Ocean Road«). Die Straße wurde in die Felsklippen von Victorias zerklüfteter Südwestküste gesprengt, und zwar von mehr als 3000 überlebenden Soldaten zur Ehre ihrer im Ersten Weltkrieg gefallenen Kameraden. Sie windet sich durch Regenwald und an einigen der besten Surf-Strände Australiens vorbei, indem sie der schroffen Küstenlinie folgt, entlang der sich der wilde Südpazifik gegen die felsigen Landzungen wirft.

▽ *Die Küstenstraße durch das Otway-Gebirge.*

# Australien

Die beschriebene Tour ist malerisch und gemächlich auf guten Asphaltstraßen, es bleibt viel Zeit, die herausragenden Ausblicke zu bewundern und interessante Orte auf dem Weg zu besuchen. Die Straße schmiegt sich anfangs an die Küste zwischen Torquay und Apollo Bay. Von dort führt sie landeinwärts durch den Otway-Nationalpark und trifft im Port-Campbell-Nationalpark wieder auf die Küste. Die Strecke ab dem Moonlight Head, der »Shipwreck Coast« (Schiffswrack-Küste), ist enorm eindrucksvoll. Sandsteinklippen fallen steil ab in den Ozean, und ungewöhnliche Felsformationen erheben sich aus ihm. Die Küste kann sogar während der Sommermonate wild und stürmisch sein, behalte also deine winddichte Kleidung an.

△ Der Otway-Nationalpark bietet einen großartigen Wipfel-Wanderweg, falls du eine Pause vom Motorrad einlegen möchtest.

## Die Route

Die Große Küstenstraße ist leicht an einem Tag zu bewältigen. Nimm dir jedoch ein paar Tage Zeit, um die wilde Küste mit ihren lebendigen Ferienorten und wunderschönen Nationalparks am Weg zu erkunden.

Von Melbourne aus geht es 95 km südwestwärts nach Torquay, dem Beginn der Great Ocean Road. Das quirlige Torquay liegt im Zentrum der »Wellenreiter-Küste« Victorias, und die Stadt summt vor Leben während der Surf-Saison. Die Straße führt weiter nach Anglesea und zum

Australien

## Wann & wie

**Motorrad:** Man kann problemlos mit der eigenen Maschine einreisen. In Melbourne kann man Motorräder mieten. Geführte Touren inklusive Maschinen werden ebenfalls angeboten.

**Jahreszeit:** Beste Reisezeit ist Februar bis April. Das Wetter ist warm, und die Strände und Städte sind nicht so voll.

**Und anschließend:** 650 km sind es bis nach Adelaide für Touren zum »Red Centre« und über die Oodnadatta-Piste.

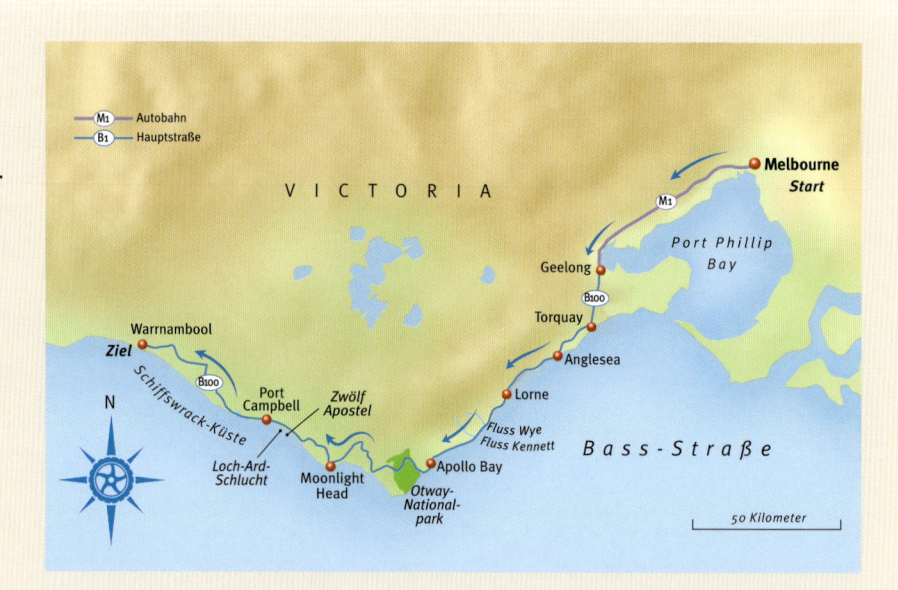

**Australien**

bekannten Ferienort Lorne. Unterkünfte, Restaurants und Festivals gibt es dort während des ganzen Jahres. Von Lorne schlängelt sich die Straße an der Küstenlinie entlang und taucht zu den Mündungen der Flüsse Wye und Kennett hinab, ruhige Plätze zum Zelten und Wandern.

Etwas weiter die Küste hinunter liegt Apollo Bay zwischen grünen Hügeln und dem wilden Meer. Die lokalen Kneipen sind bekannt für regelmäßige Musikfestivals. Von Apollo Bay verläuft die Große Küstenstraße ins Landesinnere durch den Otway-Nationalpark und seinen Regenwald. Die letzte Etappe ab Moonlight Head (»Kap Mondlicht«) ist als »Schiffswrack-Küste« bekannt, die unzählige Opfer an ihre zerfurchten Klippen gelockt haben soll.

Für Motorradfahrer hingegen ist diese Strecke besonders genussvoll. Wenn sich die Kurven der Küstenlinie anschmiegen, sind die Ausblicke märchenhaft, etwa zu den »Zwölf Aposteln«, den Kalksteinpfeilern, die sich 65 Meter hoch aus dem Ozean erheben. Die nahe Loch-Ard-Schlucht wurde nach einem untergegangenen Schiff benannt, führt die beiden einzigen Überlebenden in einer ihrer Höhlen Schutz suchten. Westlich von Port Campbell kommt die doppelbogenförmige Felsformation der »London Bridge« in Sicht. Die letzte Etappe der Tour führt durch Weideland nach Warrnambool, dem Ende der Great Ocean Road.

◁ *Die Große Küstenstraße zieht sich an einem wundervollen Abschnitt entlang.*

▽ *Die »Zwölf Apostel«.*

# Rundreise über die Südinsel

*In Christchurch beginnt eine Rundreise auf ausgezeichneten Straßen durch die abwechslungsreiche Landschaft von Neuseelands Südinsel.*

Neuseelands Südinsel ist wild und eindrucksvoll, ein Land von gewaltiger Naturschönheit, das eine unglaubliche Vielfalt urwüchsiger Landschaften bietet. Fantastische Fjorde und Gletscher, Regenwald, türkisblaue Seen und uralte, unberührte Wälder sind von einer rauen und zerklüfteten Küste umgeben.

Neuseeland gilt als eines der weltbesten Motorradländer. Perfekte Straßen führen über Hügel und Berge an überwältigenden Naturwundern vorbei. Die Strecken sind allgemein ruhig, oft sogar einsam und vermitteln den Eindruck, über ein bisher fast unberührtes Land zu fahren. Obwohl Neuseeland eine relativ kleine Insel ist, stellt sich ein unglaubliches Gefühl von Weite ein. Die Landschaft wechselt von Weideland zu Hochgebirge, schließlich wird sie tropisch, alles innerhalb weniger Stunden.

▽ *Mount Cook, höchster Berg Neuseelands.*

Neuseeland

△ *Wollige Straßensperre.*

## Die Route

Inklusive Besichtigungen dauert die beschriebene Tour rund zwei Wochen.

Beginne die Reise mit einer Fahrt zum Mount Cook, Neuseelands höchstem Berg. Von Christchurch aus geht es landeinwärts durch sanft geschwungene Hügelreihen. Die Straße steigt zum Burkes-Pass mit 701 Metern an, windet sich hoch zum malerischen Tekapo-See, einem blauen Gletschersee vor dem Hintergrund schneebedeckter Gipfel. Halte dich 45 km südwestwärts und nimm dann die Straße zum Pukaki-See, von dem man märchenhafte Ausblicke auf den Mount Cook genießen kann – ein fantastischer Abend des ersten Tages.

Von hier aus sind es rund 60 km zum Eingang in den Aoraki/Mount-Cook-Nationalpark. Wenn du dessen Gipfel und Gletscher zu Fuß erkunden möchtest, ist das nahe Städtchen Twizel ein guter Stützpunkt. Von Twizel halte dich rund 265 km östlich Richtung Küste, wobei du der SH 1 nach Dunedin folgst, einer Stadt mit schottischer Geschichte. Auf der SH 1 geht es weiter in den südöstlichsten Zipfel der Insel. In Invercargill wurde Burt Munro geboren, der *The World's Fastest Indian* (»Das schnellste Indian-Motorrad der Welt«) fuhr und damit zur Motorradlegende wurde; viele Teile des Films »Mit Herz und Hand« über seine Geschwindigkeitsrekorde wurden in dieser Region gedreht.

Starte von der Küste des Pazifik und fahre landeinwärts in die raue Wildnis des Fjordland-Nationalparks. Die Stadt Te Anau ist nicht nur ein Zentrum für den Transport, sondern auch für Touristen-Unterkünfte, und die 120 km lange Strecke von hier zum Milford-Sund ist eine der eindrucksvollsten Straßen deines Lebens.

Brich früh auf, tanke und fahre los, bevor es die Touristen-Busse tun. Große Weideflächen breiten sich vor einem aus, während die Straße dem Ufer des Te-Anau-Sees folgt, bevor sie eintaucht in grüne, dichte Wälder. Weiter geht es am Mirror-See vorbei und die Chaussee des »verschwindenden Berges« (Disappearing Mountain) hinunter. In der Tat scheint der Berg kleiner zu werden, je mehr man sich ihm nähert. Fahre die steile Straße zum Homer-Tunnel hinauf, 1219 Meter lang und aus massivem Fels geschlagen, der zwischen nackten Bergwänden ins Cheddau-Tal mündet. Der Milford-Sund ist ein fantastischer, 22 km langer Fjord, beherrscht vom 1692 Meter hohen Mitre-Gipfel. Nach der unglaublichen Fahrt kannst du dich entspannen und einen Bootsausflug auf dem Meer genießen.

Zurück in Te Anau, bringt dich eine 172 km lange malerische Tour nach Queenstown, der Adrenalin-Hauptstadt der Welt. Wenn du den Drang verspürst, dich aus einem Flugzeug zu stürzen oder an einem Bungee-Seil zu hängen – hier kannst du es tun.

Fahre nun die 100 km nach Wanaka auf der Crown-Range-Straße, mit 1121 Metern die höchste Hauptstraße Neuseelands. Die schmale, befestigte Piste läuft im Zickzack den Berg hinauf und bietet gewaltige Ausblicke hinunter ins Arrow-Tal und zurück zum Wakatipu-See und nach Queenstown. Auf dem Weg hinab mag der Anblick hauchdünner Spitzenunterwäsche einen Nothalt erfordern, wenn die Büstenhalter-Schranke (Bra Fence) auftaucht!

Von Wanaka führt eine Achterbahn-Strecke zur Westküste über den 563 Meter hohen Haast-Pass, über den einst Maori-Ureinwohner auf der Suche nach Jadesteinen wanderten. Von Haast aus ist man nach einer zweistündigen Fahrt Richtung Norden beim Westland-Nationalpark. Die kolossalen, glitzernden Gletscher »Fox« und »Franz Josef« durchschneiden den Regenwald und reichen fast bis zur Straße.

Weiter geht es nordwärts nach Hokitika. Mitte März steigt dort das Wildwoods-Festival, wo man Delikatessen wie Schokoladen-Würmer-Trüffel und tiefgefrorene Heuschrecken kosten kann. In Greymouth landeinwärts lenken, zurück nach Christchurch über den Arthur-Pass, eine 230 km lange Strecke durch die atemberaubende Kulisse des südlichen Gebirges.

△ *Unterwegs in der Nähe des Milford-Sunds.*

▷ *Fox-Gletscher im Westland-Nationalpark.*

*Halt auf einer Geröllpiste Islands (folgende Doppelseite).*

**Motorrad:** Man kann problemlos mit der eigenen Maschine einreisen. In Christchurch kann man Motorräder mieten. Geführte Touren inklusive Maschinen werden ebenfalls angeboten.

**Jahreszeit:** Beste Reisezeit ist Oktober bis Mai. Der Winter dauert von Juni bis September.

**Und anschließend:** Zu anderen hier beschriebenen Touren gibt es keine Überlandverbindung.

Wann & wie

# EUROPA

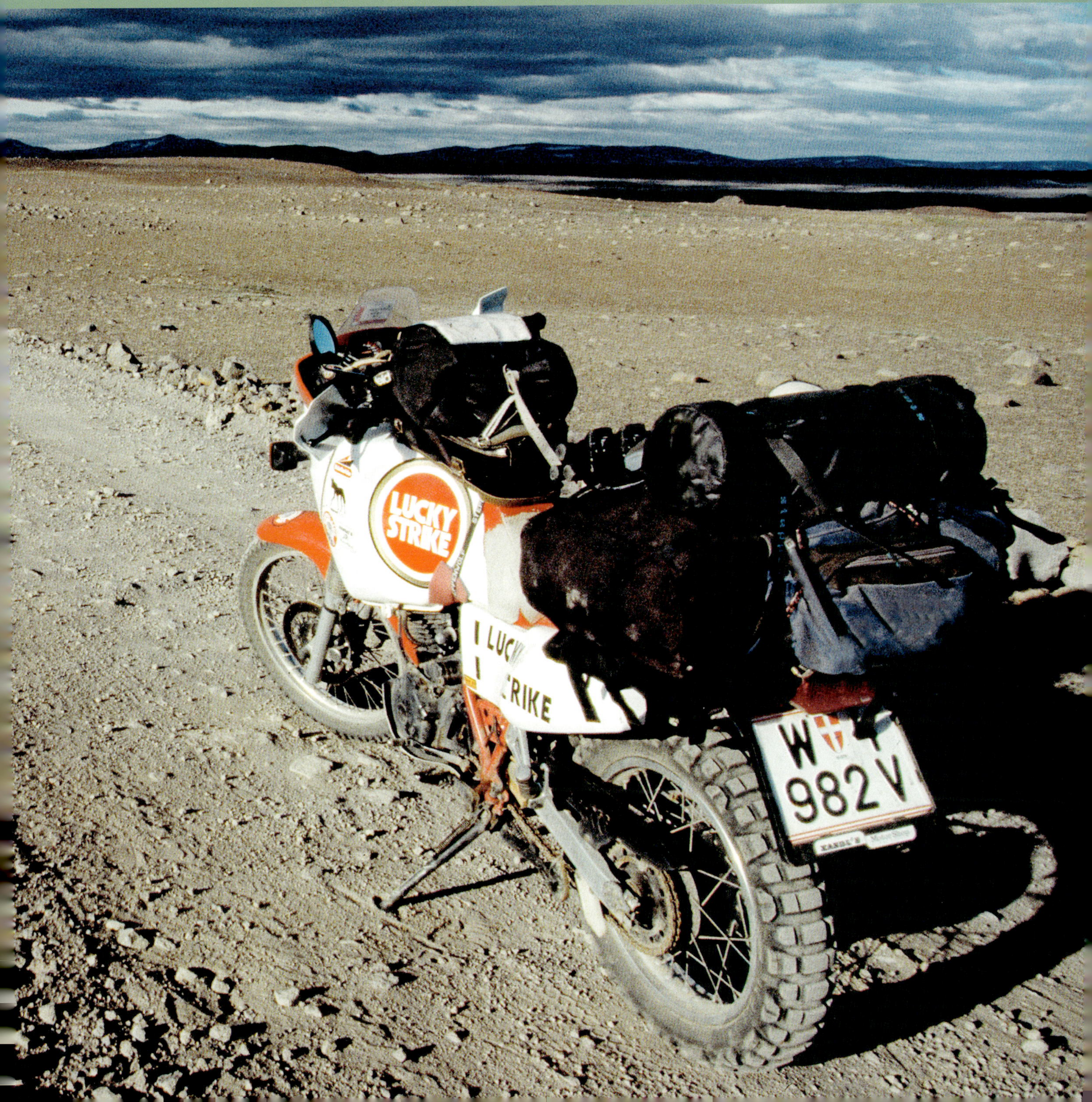
LUCKY STRIKE
W
982 V

# Die Ringstraßen-Tour

*Von Seydisfjördur an der Ostküste führt diese Tour gegen den Uhrzeigersinn über die Ringstraße, die auf 1339 km die Insel umschließt.*

▽ *Islands Landschaft ist ursprünglich und ungezähmt.*

Geschaffen von großen Naturkräften, aus Feuer und Eis geschmiedet, ist Island ein unverfälschtes, wildes und ungezähmtes Land mit Eisdecken, Fjorden und Gletschern. Besucher sind zur Besichtigung von Vulkaneruptionen, Dampfexplosionen und blubbernden Schlammtümpeln eingeladen. Das Land verändert sich vor deinen Augen, und auf deiner Fahrt um Island herum erlebst du die Elemente in ihrer rohesten und gewaltigsten Form.

# Island

Es gibt hier keine Autobahn, und die Ringstraße weist als einzige befestigte Straße Schotterstrecken auf, Engstellen und unübersichtliche Kurven, vor allem im abgelegenen und einsamen Nordosten. Für eine Enduro bieten sich fantastische und aufregende geschotterte Bergpisten an, die von der Ringstraße ins Inselinnere abgehen. Das Land wurde von Naturkräften geformt, und der Wind kann grimmig sein. Motorradfahren auf Island lässt dich die Elemente hautnah spüren, vom Tierleben ganz zu schweigen: Es leben mehr Schafe auf Island als Menschen, und sie benutzen die Straßen, wann es ihnen passt.

## Die Route

Eine Woche reicht aus, um die Ringstraße komplett abzufahren und einige ihrer Höhepunkte zu besichtigen. Wenn du dir allerdings zwei Wochen Zeit nimmst, so kannst du Fußwanderungen oder Abstecher ins Inselinnere einplanen.

208 km weit geht es von Seydisfjördur westwärts ins Innere der Insel durch die entlegene Wildnis des Nordostens. Das Gebiet um den See Myvatn ist atemberaubend schön, und es lohnt sich, ein paar Tage in seiner Nähe zu verbringen, um die heißen Quellen und Lava-Säulen zu erkunden und den Vulkan Hverfjall zu besteigen. Der Myvatn ist auch als »Mücken-See« bekannt, daher sind bei dessen 35 km langer Umrundung sicherlich Integralhelm und Visier empfehlenswert.

△ *Der Strokkur-Geysir zeigt seine Fontäne alle fünf bis zehn Minuten.*

Vom See aus ist es lediglich eine Fahrt von einer guten Stunde nach Akureyri, Islands zweitgrößter Stadt, die nur 100 km südlich des Polarkreises liegt. Unterkünfte gibt es dort reichlich, und auch das Nachtleben ist lebendig.

Tanke voll und brich früh auf, denn es kommt nun eine lange Fahrt von 450 km westwärts zur Spitze der Snæfellsnes-Halbinsel. Die zerklüftete Landzunge wird vom Vulkan Snæfellsjökull beherrscht, der durch Jules Vernes Roman *Reise zum Mittelpunkt der Erde* weltberühmt wurde. Erhole dich einen Tag am Fuße des Snæfellsjökull, bevor du die 200 km südlich nach Reykjavik unter die Räder nimmst, Islands vibrierender Hauptstadt.

Von hier ist es eine Fahrt von einer Stunde auf der Route 36 direkt nach Thingvellir in der Region des »Goldenen Rings« (isländisch: *Gullni hringurinn*). Thingvellir ist der Ort, wo seit über 800 Jahren Islands Parlament zusammentrifft. Er liegt auf einer Haupt-Erdbebenlinie. Bleibe ein paar Tage dort – es gibt vieles zu erkunden in dieser überaus faszinierenden Region, beispielsweise die blubbernden heißen Quellen von *Geysir*, wo alle paar Minuten die herausschießende Dampf-Fontäne des Strokkur (isländisch: Butterfass) eindrucksvolle 30 Meter aufsteigt.

△ *Der Gullfoss ist eine der beliebtesten Touristenattraktionen auf Island.*

In der Nähe liegt der *Gullfoss* (»Goldener Wasserfall«), wo gewaltige Wassermassen in eine tiefe Schlucht hinabdonnern.

Nun geht's bei Selfoss zurück auf die Ringstraße und 128 km südöstlich zur Südspitze der Insel mit dem schwarzen Sandstrand von Vik. Die Fahrt führt am Fuß der Gletscher Eyjafjallajökull und Myrdalsjökull vorbei. Aktive Vulkane brodeln unter ihren Eiskappen. Die südöstliche Etappe der Ringstraße wird vom Vatnajökull mit Europas größter Eisdecke beherrscht. Die Größe des Berges ist Ehrfurcht gebietend und umfasst ein Gebiet von 3000 Quadratkilometern, seine Gletscherfinger berühren schier die Straße. Beobachte, wie der Jökulsárlón-Gletscher in die See kalbt, bevor du die Südküste verlässt und die zerklüftete Gebirgslandschaft der östlichen Fjorde erklimmst. Gönne dir eine Übernachtungspause in der Nähe von Höfn.

Die letzte 275-km-Etappe der Ringstraße verläuft über den Almannaskard-Pass ins Land der Fjorde, wo sich die Straße, eingezwängt zwischen Berg und Ozean, durch zahlreiche steile Buchten hindurch schlängelt, bevor sie zurück nach Seydisfjördur führt.

Die Tour ist rau und manchmal einsam, doch das Naturschauspiel ungeheuer intensiv und dramatisch. Keine andere Strecke, die du jemals fahren wirst, ist vergleichbar.

▷ *Der Jökulsárlón gehört zu Islands Gletscherseen.*

# Island

## Wann & wie

**Motorrad:** Man kann problemlos mit der eigenen Maschine einreisen. Mietmotorräder sind nur schwierig zu bekommen, aber geführte Touren inklusive Maschinen werden angeboten.

**Jahreszeit:** Beste Reisezeit ist Mai bis September. Die Bergstraßen sind ab Ende Juni geöffnet. Das Fremdenverkehrsamt bietet täglich Straßen- und Wetterberichte an.

**Und anschließend:** Wöchentlich legen Fähren nach Bergen in Norwegen ab und zu den schottischen Shetland-Inseln.

# Von Stavanger bis Andalsnes

*Die Tour verläuft durch das großartige Land der Fjorde an Norwegens Westküste.*

Das Land der Wikinger ist nicht so weit weg oder so kalt, wie man es sich gemeinhin vorstellt. Die urwüchsige Kraft der Landschaft mit ihren unvorstellbaren Panoramen wird dir dennoch den Atem nehmen. Man kann sich die Schönheit von Norwegens Natur unmöglich ausmalen. Die Luft ist klar, und die Landschaft ist Ehrfurcht gebietend, trifft man doch auf eine zerklüftete Küste, steil abfallende Flusstäler und märchenhafte Fjorde. An Norwegens Nordspitze liegt das Nordkap, etwa 400 km jenseits des Polarkreises, das durch eine wilde und oft unwirtliche Landschaft per Straße zugänglich ist.

▽ *Norwegens Fjorde sind ein überwältigender Anblick.*

Norwegen bietet ein einzigartiges Reiseerlebnis. Beeindruckende Serpentinen schrauben sich himmelwärts, fast, so scheint es, nach Walhall. Vielfache Haarnadelkurven und allerschmalste Sträßchen ziehen sich an den Fjorden entlang, an Bergen und donnernden Wasserfällen, oder durchschneiden Felswände. Oft ist es unmöglich, auch nur ein kleines Stück geradeaus zu fahren, und manche Tunnel vollziehen im Berg gar eine unglaubliche 360-Grad-Kehre. In diesem Land des Wassers sind nicht nur Regenkleidung eine Notwendigkeit, sondern auch die Fähren. Fährfahrten selbst sind oft eine preiswerte Art, Norwegens eindrucksvollste Anblicke zu genießen. Motorräder dürfen auf ihnen immer zuerst auf- und abfahren. So geht wenig Zeit verloren, und man hat bereits den Asphalt unter den Rädern, bevor die Autoschlangen folgen. Das Fahren selbst ist höchst beschwingt und macht auf fast jeder Straße Freude – so gut ist ihr Zustand! Der Sommer bietet nahezu 24 Stunden Tageslicht – genügend Zeit, um Norwegens hervorragende Straßen zu befahren.

△ *Begegnung mit einigen sehr zahmen Einheimischen* (links).

△ *Das malerische Bergen ist eine Besichtigung wert* (rechts).

## Die Route

Die beschriebene Route erfordert etwa eine Woche. Doch nimm dir etwas mehr Zeit, wenn du die Nationalparks erkunden möchtest.

Verlasse die Fähre in Stavanger und folge der RT 13 nach Odda, über eine Entfernung von etwa 270 km. Die Tour umfasst kurze Fährstrecken, faszinierende Ausblicke und einige Bergpassagen.

Ein Abstecher auf die RT 250 zwischen Sand und Røldal führt dich die majestätische Ekkjeskaret-Schlucht hinauf. Westlich von Røldal wähle die alte Straße über den Seljestadjuvet,

△ Der berühmte Trollstigen gleicht einer Achterbahn.

wo du mit einem märchenhaften Blick auf den Folgefonn-Gletscher belohnt wirst. Das war nun eine gute Einführung in die perfekten Straßen und wundervollen Fjorde Norwegens und nur ein Vorgeschmack auf die spannende Fahrt.

Von Odda aus schmiegt sich die RT 550 an die Westseite des Sørfjords, einer der drei Arme des Hardangerfjords. Im hübschen Dorf Utne nimm die Fähre nach Kvanneid hinüber auf die RT 7, die sich am Nordufer des Hardangerfjords etwas über 100 km nach Bergen entlang schlängelt. Umgeben von Höhenzügen, sind Bergens gepflasterte Straßen von hell gestrichenen Hotels gesäumt, von belebten Bars und hervorragenden Restaurants. Die Stadt ist außerdem das Tor zu den Fjorden des Westens.

Einige Stunden lang geht es von hier ostwärts nach Gudvangen, wo du die Fähre Gudvangen-Lærdal nimmst. Mit ihr schipperst du zweieinhalb Stunden hinaus durch den Nærlandsfjord, einen Ableger des Søgnefjords, der mit 200 km und 1300 Metern der weltlängste und -tiefste Fjord ist. Die Sicht von Deck auf senkrechte Klippen und Kaskaden von Wasserfällen ist atemberaubend. Verlasse die Fähre in Kaupanger, und genieße die kurze Fahrt westlich des Søgnefjords nach Balestrand, einem gemütlichen Erholungsort vor einer Bergkulisse. Dies ist auch ein angenehmer Übernachtungsplatz.

Um von hier aus die Bergpässe zu ersteigen, wirst du einen oder zwei Gänge herunterschalten müssen. Fahre wieder auf die RT 13, die sich sagenhaft schmal über den Gaularfjell schlängelt.

Etwa 30 km hinter Balestrand gibt es einen besonders schönen Aussichtspunkt, und man kann einige reizvolle Wasserfälle auf der anderen Seite beobachten, wenn man auf dem Weg nach

## Norwegen

Moskog ist. Dort halte dich nordöstlich auf der E 39 nach Stryn, eine Entfernung von rund 120 km. Ein kurzer Abstecher von dieser Straße führt näher an das Eis des Gletschers Jostedalsbreen heran: Biege vom Zentrum in Loen rechts ab auf die kleine, nicht gekennzeichnete Straße nach Kjenndal. Sie führt ein paar hundert Meter direkt in den gewaltigen Gletscher hinein und bietet beim Fahren fabelhafte Ausblicke auf den Loenvatn-See. Zurück auf der E 39, ist es eine kurze Fahrt zum Städtchen Stryn. Übernachte dort, um dich für die fantastische nächste Etappe zu rüsten.

Eine kurze Fahrt von Stryn aus ostwärts bringt dich zum Beginn der alten Strynefjell-Bergstraße, einer 27 km langen schmalen Schotterstrecke, die sich durch urwüchsige Wildnis windet. Hier erlebst du Norwegens natürliche Schönheit am eindrucksvollsten, wo Weg und Landschaft fast eins sind.

Gerade wenn du meinst, dass es nicht noch schöner werden kann, triffst du auf die »Goldene Route«, Norwegens Motorrad-Paradies. Zunächst bringt dich der Abstecher auf eine raue, gebührenpflichtige Bergstraße zum Aussichtspunkt Dalsnibba. Er bietet eindrucksvolle Ausblicke auf den Geirangerfjord, wo Wasserfall-Kaskaden senkrechte Klippen ins tiefblaue Wasser hinunterstürzen und Bergbauernhöfe an den Felsen hängen. Danach kommt der Ornevegen (»Adlerpfad«), eine aufregende Fahrt mit unzähligen Serpentinen. Von Eidsdal aus führt eine kurze Fährfahrt nach Linge und damit Richtung Trollstigen. Jeder, der schon einmal in Norwegen unterwegs war, bekommt glänzende Augen, wenn er diesen Namen hört. Diese schwindelerregende, nervenaufreibende Achterbahn windet sich im Zickzack durch elf Haarnadelkurven die Felswand entlang und ist ein Meisterstück der Ingenieurskunst. Entdecke das »Bergsteigen per Motorrad« auf einer der faszinierendsten Straßen, die du je unter den Rädern haben wirst. Wenn du schließlich hineinrollst in die liebliche Küstenstadt Andalsnes, wirst du wirklich etwas erlebt haben.

## Wann & wie

**Motorrad:** Man kann problemlos mit der eigenen Maschine einreisen. In größeren Orten kann man Motorräder mieten. Geführte Touren inklusive Maschinen werden ebenfalls angeboten.

**Jahreszeit:** Viele Pässe sind bis Juni gesperrt. Juni bis August ist die beste Reisezeit, doch im Juni sind die Straßen leerer.

**Und anschließend:** Fähren von Stavanger legen nach Newcastle an der Nordostküste Englands ab. Von dort kann man entweder südwärts nach Yorkshire oder nordwärts nach Schottland reisen. Fähren von Bergen fahren nach Seydisfjördur auf Island und zu den schottischen Shetland-Inseln.

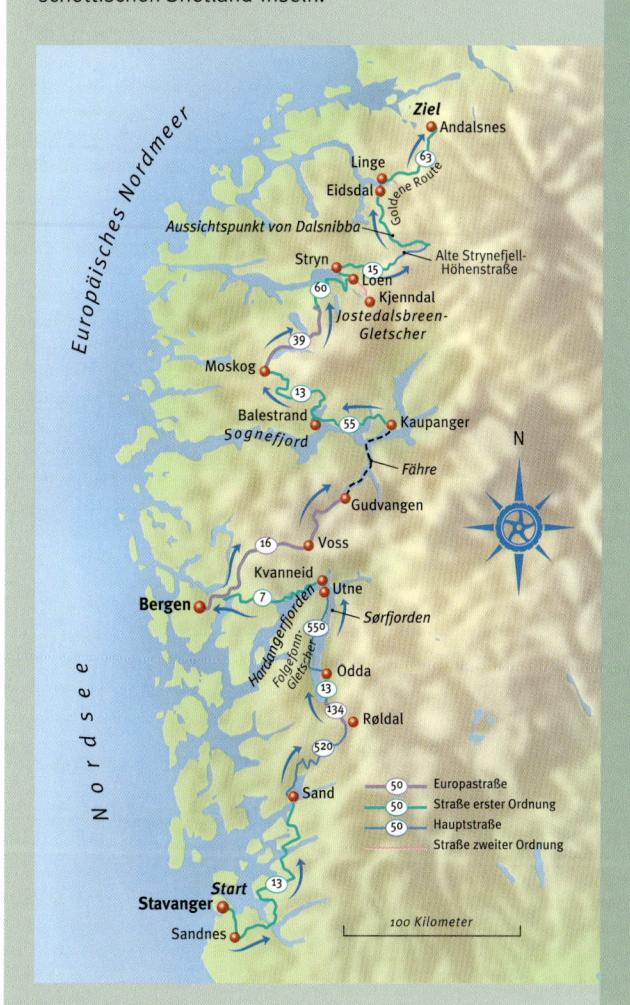

# Von Edinburgh bis Gairloch in den Northwest Highlands

*Eine Tour von Edinburgh durch Perthshire und das Great Glen nach Gairloch an der Nordwest-Küste.*

**E**inmal aus Edinburgh heraus, Schottlands geschichtsträchtiger und malerischer Hauptstadt, rollst du bald durch eine Landschaft mit sanften Hügeln und nebelverhangenen Tälern (*glens*), eindrucksvollen Bergen und wilden, zerklüfteten Küsten. Das wechselnde Licht erscheint magisch, wenn die Morgennebel steigen, um Berge zu enthüllen, die mit purpurnem Heidekraut überzogen und von scharfen granitenen Gipfeln gekrönt sind. Das Licht ändert sich den ganzen Tag über und macht Schottlands unzähmbare Landschaft zur stimmungsvollen Kulisse.

Das Land macht einen wunderbar abgelegenen Eindruck, obwohl die Strecken auf einigen der besten Straßen Europas oft recht kurz sind. Einspurige Fahrbahnen umrunden Berge, streifen an Seen entlang und schwingen durch Täler. In Minutenschnelle hat man das Verkehrsgedränge hinter sich gelassen und fährt auf einsamen Straßen über Moore und zu zerklüfteten Küsten und felsigen Stränden. Für Fahrer, die die Einsamkeit sowie lange, leere Straßen suchen, kann Schottland nur schwer übertroffen werden.

▽ *Die Straßen des Hochlands können herrlich leer sein.*

Schottland

## Die Route

Die Tour ist leicht in ein paar Tagen zu bewältigen, doch nimm dir etwas mehr Zeit, wenn du das Fahren mit Besichtigungen und Erholung an der Nordwest-Küste verbinden willst.

Eine eineinhalbstündige Fahrt nördlich aus Edinburgh heraus durch die sanften Täler und saftigen Weiden Perthshires führt dich nach Crieff, einem vornehmen Seebad und Sitz von Glenturret, einer der ältesten Destillerien Schottlands. Ab hier geht es weitere 30 Minuten westwärts zum Dorf Tyndrum, wo du den eigenen Durst und den des Motorrads stillen kannst.

Es ist eine aufregende Fahrt über 50 km durch das Rannoch-Moor auf einer fabelhaften Motorradstraße mit langen, schwingenden Kurven und griffiger Oberfläche. Die A82 schlängelt sich über dramatische, einsame Moorlandschaft, um schließlich das schöne Glencoe zu erreichen, ein prächtiges, stimmungsvolles Tal mit einer ruhmvollen und zugleich blutigen Geschichte. Bleibe hier ein paar Tage und lass beim Bergwandern die Atmosphäre auf dich wirken.

Verlasse dann Glencoe und rolle eine halbe Stunde lang nördlich nach Fort William. Hier bist du tief im Hochland und dem Great Glen (»Großes Tal«), einer Mauer aus Bergen und Seen (*lochs*), die das Hochland von Fort Williams aus nach Norden Richtung Inverness durchschneiden.

△ *Glencoe bietet wunderbare Panoramen und eine blutige Geschichte.*

Europa

▷ *Gairloch im äußersten Nordwesten Schottlands.*

Biege bei Invergarry, knapp 40 km hinter Fort William, von der Hauptstraße ab, und fahre eine Stunde westwärts auf einer gut ausgebauten, schnellen Straße, die durch Wälder in die Höhe steigt, bis sie prachtvolle Ausblicke hinunter nach Loch Cluanie frei gibt. Sie schlängelt sich weiter durch die Berge von Glen Shiel, vorbei an den Ehrfurcht gebietenden *Five Sisters of Kintail* (»Fünf Schwestern von Kintail«) zu einer von Schottlands berühmten Sehenswürdigkeiten, der Burg Eilean Donan.

Von hier aus fahre 65 km nördlich um Loch Carron herum und begib dich auf die Halbinsel Applecross mit dem berüchtigten *Bealach na Ba* (»Rinderpass«) für eine beschwingte Fahrt mit haarsträubenden Serpentinen über düsteres Moorgebiet. Eine anspruchsvolle Kurvenstrecke bringt dich zur höchstgelegenen Straße der Highlands, die auf nur zehn Kilometern um 625 Höhenmeter steigt. Der Ausblick vom Gipfel ist großartig.

▽ *Rast in der Abendsonne* (links).

▽ *Die Burg Eilean Donan* (rechts).

Nach einer Übernachtung im Dörfchen Applecross geht es nach Norden auf einer schmalen einspurigen Straße weiter, die an der Küste der Halbinsel entlang läuft. Das Naturschauspiel ist fabelhaft, und ein früher Aufbruch bedeutet, dass du diese eindrucksvolle Strecke wahrscheinlich für dich alleine hast. Loch Torridon ist die nördliche Begrenzung der Halbinsel. Nur zwölf Kilometer nördlich von Loch Torridon liegen die herrlichen kiefernbedeckten Inseln von Loch Maree.

Die dramatische und eindrucksvolle Landschaft um das Loch herum kommt in Sicht, wenn du auf der A832 das Ufer erreichst. Die Straße führt schließlich weiter zur Küste nach Gairloch, das an den Ufern eines malerischen Meeresarms liegt. Richtung Westen siehst du die Insel Skye und die Äußeren Hebriden. Fahre hinaus zum langen Sandstrand vor dem Hintergrund der uralten Torridon-Berge, schließe dich einer Bootsfahrt hinaus aufs Meer an, um das reiche Tierleben zu beobachten, oder tausche die Motorradstiefel gegen Wanderschuhe und wandere über die herrlichen Bergpfade. Gairloch bietet eine Vielfalt von Unterkünften und Veranstaltungen und ist damit ein ausgezeichneter Stützpunkt, um die wilde schöne Küste von Schottlands Nordwesten zu erkunden.

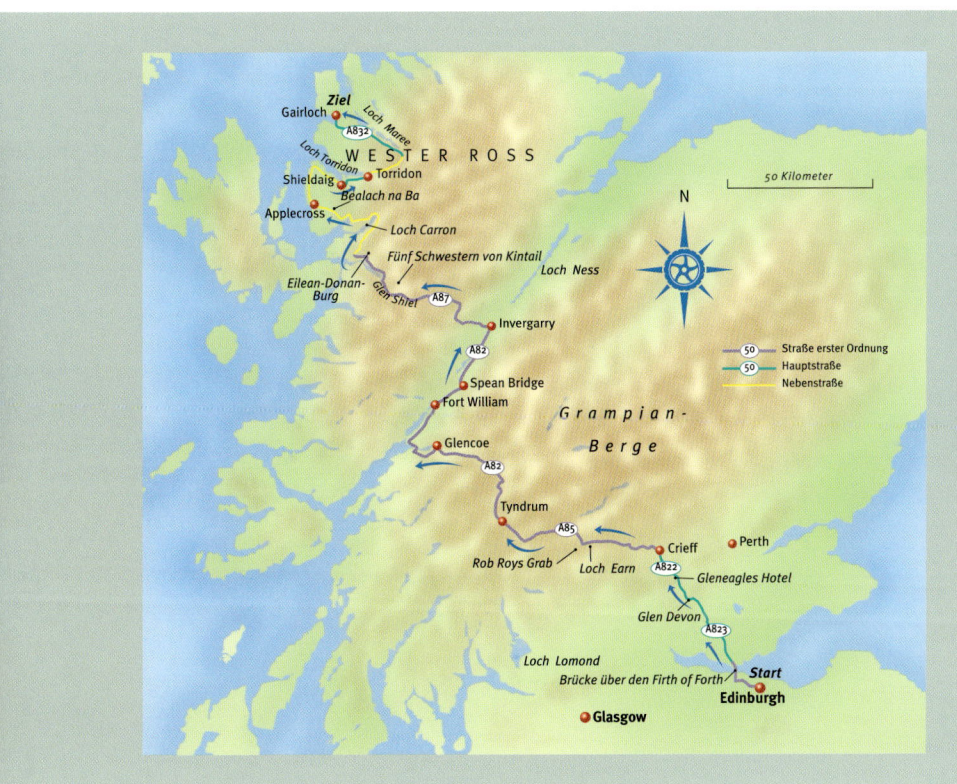

## Wann & wie

**Motorrad:** Man kann problemlos mit der eigenen Maschine einreisen. In Glasgow und Edinburgh kann man Motorräder mieten. Geführte Touren inklusive Maschinen werden ebenfalls angeboten.

**Jahreszeit:** April bis September ist die beste Reisezeit.

**Und anschließend:** Quere die Grenze nach Nordengland. Oder buche Fähren, die dich von Stranraer bei Glasgow nach Belfast in Nordirland bringen, von Rosyth bei Edinburgh nach Belgien und von Schottlands entlegenen Shetland-Inseln nach Island und Norwegen.

# Von Cork zu den Klippen von Moher

*Eine Tour von der geschäftigen Stadt Cork südwestwärts zu den drei Halbinseln und danach nördlich zu den dramatischen Klippen von Moher.*

Die Südwest-Spitze der »Smaragd-Insel« (Irland) ist ein magisches Land mit sanften grünen Hügeln und nebligen Seen. Die eindrucksvoll zerklüftete Küste steigt vom Atlantik hinauf, fällt wieder zu einsamen Stränden ab und umschließt wilde Berge. In gastfreundlichen Kneipen gibt es traditionelle Live-Musik und Leute mit einem ansteckenden irischen Humor.

Folge den malerischen Straßen, die sich am Ufer der drei Halbinseln entlang schlängeln – die wilde und entlegene Beara-Landzunge, Iveragh mit ihrem berühmten *Ring of Kerry* und schließlich die schöne Halbinsel Dingle. Überquere malerische Pässe mit weiter Aussicht, biege zu stillen Stränden ab oder nimm am *craic* (irisch für: Spaß) in den lebendigen Städtchen und Dörfern teil. Dies ist eine gemütliche Tour durch ein friedliches Land auf befestigten Straßen, die oft leer und manchmal etwas holprig sind, aber den Konturen der sanft geschwungenen Hügel folgen.

▽ *Eine von Dingles lebhaften Bars.*

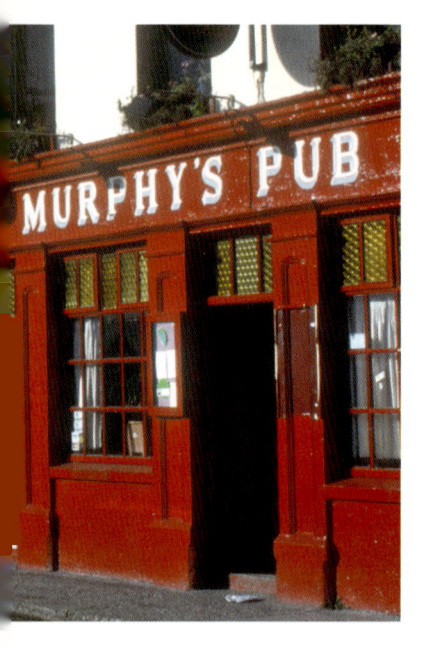

## Die Route

Die täglichen Strecken sind kurz, daher reicht eine Woche für die gemächliche Tour, einschließlich mindestens je einer Nacht auf den drei Halbinseln.

Wenn du von Cork in Richtung der Beara-Halbinsel aufbrichst, wird die bewaldete grüne Landschaft bald wild und windgepeitscht und wirkt manchmal gar alpin. Wer auf der Halbinsel übernachten möchte, kann das in dem beliebten Dorf Glengariff tun, etwa 80 km von Cork entfernt. Der Verkehr ist gering, und du wirst auf deiner Fahrt zur Spitze der Halbinsel die Straße für dich haben. Der Höhepunkt jeder Tour über die Beara ist der Healy-Pass, eine schmale Bergstraße, die das Herz der Caha-Berge durchschneidet und großartige Ausblicke von ihrer Kuppe bietet.

Von Kenmare im Norden der Landzunge geht es weiter nach Killarney, einem beliebten Touristenstädtchen, wo im späten Mai die *Ireland Bike Week* stattfindet, das große irische Motorradtreffen. Schließ dich dem Trubel an, trinke ein paar Guiness-Biere und lass dir Tourentipps von einheimischen Fahrern geben, bevor du den *Ring of Kerry* abfährst, die malerische 175 km lange Strecke um die Halbinsel Iveragh herum.

Irland

△ *Der Ring of Kerry.*

Es ist die vielleicht berühmteste und daher sehr beliebte Straße. Vielleicht entscheidest du dich, die Tour im Uhrzeigersinn zu fahren, um das ständige Überholen von Reisebussen zu vermeiden. Doch bedenke, dass du dann den Bussen in den zahlreichen unübersichtlichen Kurven begegnest. Vorbei an Bergen und Seen steigt in Catherdaniel an der Südspitze der Halbinsel der Weg steil an und führt über den Coomakista-Pass. Unterhalb des Passes liegt die Derrynane-Bucht, ein angenehmer Ort, um dem Gedränge auszuweichen.

Bei der Fahrt entlang der Nordkante der Landzunge öffnen sich herrliche Ausblicke hinüber zur Dingle-Halbinsel, deinem nächsten Ziel. Sie ist geradezu übersät mit archäologischen Orten und langen Sandstränden. Es ist eine vorherrschend gälisch-sprachige Region, Straßenschilder können daher interessant werden. Eine direkte schmale Straße von zehn Kilometern Länge führt dich vom *Ring of Kerry* nach Castlemaine am Ostende der Dingle-Bucht.

## Wann & wie

**Motorrad:** Man kann problemlos mit der eigenen Maschine einreisen. Aufgrund unerschwinglicher Versicherungstarife sind Mietmotorräder kaum erhältlich. Es ist einfacher, ein Motorrad in Nordirland zu mieten. Geführte Touren inklusive Maschinen werden angeboten.

**Jahreszeit:** Mai bis September ist die beste Reisezeit.

**Und anschließend:** Fähren bringen dich von Dublin an die Nordwestküste Englands und von Belfast nach Stranraer bei Glasgow.

**Irland**

Genieße die lange gerade Strecke am Südufer entlang, die sowohl die langen Sandstrände in Inch als auch den berühmten *South Pole Inn* in Annascaul berührt. Die Stadt Dingle mit ihrem malerischen Hafen, vielen Unterkünften und Kneipen, die von traditioneller Musik widerhallen, ist ein idealer Stützpunkt.

Fahre auf dem großartigen Rundkurs um die Spitze der Halbinsel und an Slea Head vorbei und quere nach dem Rückweg nach Dingle den steilen, schmalen Conor-Pass, der mehrere Bergrücken auf dem Weg zur Nordküste durchschneidet und auf über 500 Meter mit fabelhaften Ausblicken ansteigt. Nach dem Pass halte dich östlich Richtung Tralee am Kopf der Halbinsel, danach rund 50 km nördlich nach Tarbert, wo du die Fähre über den Shannon-Fluss nach Killmer nimmst. Eine Stunde Fahrt ist es nun noch auf der Küstenstraße zu den mächtigen Klippen von Moher, die 213 Meter hoch steil aus dem Atlantik aufragen. Die dramatische wellengepeitschte Küste ist ein eindrucksvoller Anblick. Genieße den Sonnenuntergang, dessen sanftes Licht die Felsen wärmt, bevor die Sonne für diesen Tag im Meer versinkt.

◁ *Die Halbinsel Dingle.*

▽ *Klippen von Moher.*

# Von Kendal bis Whitby

*Eine Tour von Kendal im englischen Lake District durch die Täler und Moore von Yorkshire bis Whitby an der Ostküste.*

N ord-Yorkshire gehört zu den wenigen Gegenden in England, wo man in ein wildes, weites Land mit Heidekraut-bewachsenen Mooren und Kalksteinfurchen entfliehen und die reine, klare Luft genießen kann. Die ungezähmte Schönheit und Einsamkeit der Moore wird dir den Atem nehmen, uralte Abteien und Respekt einflößende Burgen markieren die Landschaft. Doch sobald du in die Täler eintauchst, betrittst du eine liebliche Gegend mit historischen Marktflecken und hübschen, blumengeschmückten Dörfern, in denen die Gasthäuser richtige Yorkshire-Portionen servieren und in denen die Teestuben noch nicht von Café-Ketten abgelöst wurden.

▽ *Fotostopp im Heidekraut.*

△ *Eine der vielen Teestuben Yorkshires* (links).

△ *Auf der Tour sieht man viele malerische Dörfer* (rechts).

Die Straßen in Nord-Yorkshire sind ausgezeichnet und bieten ein fantastisches Motorraderlebnis. Sie schwingen sich durch sonnige Täler und über wilde Moore. Der Asphalt ist durchweg gut, und die Aussichten vom Sattel sind fabelhaft. In dieser Region sind Zweiräder sehr beliebt, und motorradfreundliche Cafés und Gasthäuser säumen die schönsten Strecken. Die Straßen sind tatsächlich ein Motorrad-Paradies und erinnern an manchem sonnigen Sonntag an eine Rennstrecke; doch unter der Woche hast du sie für dich allein.

## Die Route

Die beschriebene Tour vermittelt lediglich einen Vorgeschmack von dem großartigen Motorraderlebnis, das du von einer Fahrt in Nord-Yorkshire erwarten kannst. Sie ist in einem Tag zu bewältigen, aber zwei Tage bieten Zeit für zusätzliche Besichtigungen.

Von Kendal im Lake District verläuft die A684 über das Pennines-Mittelgebirge zu den Tälern von Yorkshire (»Yorkshire Dales«). Die Straße ist bei Motorradfahrern recht beliebt, vereint sie doch Serpentinen und geschwungene Kurven mit schnellen, geraden Etappen auf griffigem, ebenem Asphalt. Die ersten 44 km nach Hawes machen viel Spaß. Das Dorf ist ein bekanntes Wander- und Motorradzentrum, mache also ruhig Halt auf einen Drink und betrachte die Maschinen, die an dir vorbei rollen.

Von hier aus geht es weitere 26 km auf der A684 nach Leyburn. Eine Alternative ist die hochgelegene einspurige Straße, die einen Rundkurs durch das raue Herz Swaledales beschreibt.

## Europa

## Wann & wie

**Motorrad:** Man kann problemlos mit der eigenen Maschine einreisen. In Bolton bei Manchester und Shipley bei Leeds kann man Motorräder mieten. Geführte Touren inklusive Maschinen werden ebenfalls angeboten.

**Jahreszeit:** April bis Oktober ist die beste Reisezeit.

**Und anschließend:** Fähren bringen dich von Newcastle in Nordengland nach Norwegen und von Liverpool nach Dublin (Irland). Oder erweitere die Tour nordwärts nach Schottland.

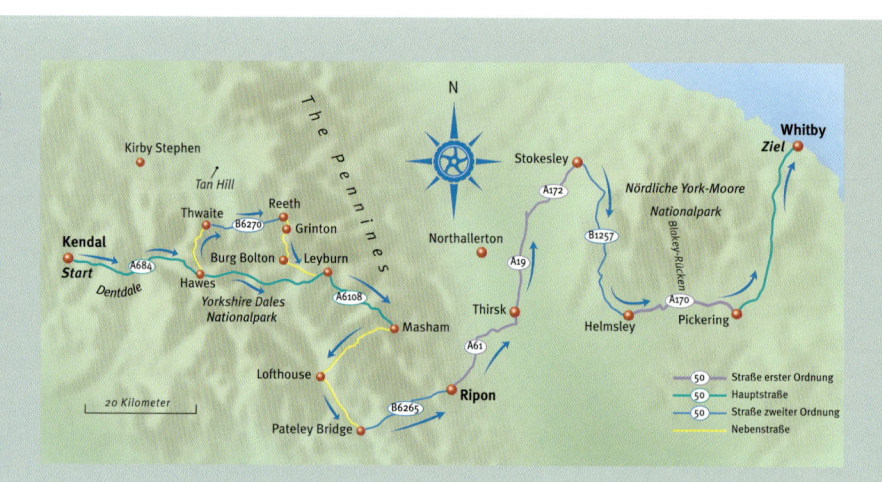

△ *Linksverkehr und sanfte Hügel: Motorradfahren in England.*

Auf dieser etwa 50 km langen Strecke nordwärts über die Buttertubs kommt man in das Dorf Thwaite, dann östlich nach Reeth und durch das wilde Redmire-Hochmoor. Die eindrucksvollen Mauern der Burg Bolton tauchen auf, wenn man vom Moor hinunter fährt, um wieder auf die A684 zu stoßen, die zum Marktflecken Leyburn führt.

Weiter geht es nach Masham auf der A6108, eine kurze Strecke von rund 18 km. Die Landschaft wird sanfter, sobald sie sich durch das liebliche Middleham windet, Sitz der Brauereien *Theakstons* und *Black Sheep*. Hinter Masham ist das Panorama überwältigend, wenn sich die Straße über 30 km durch die Moore schlängelt, an kristallklaren Stauseen vorbei und durch das Dorf Lofthouse, bevor sie hinunterführt nach Pately Bridge. Das ist ein beliebter Treffpunkt von Motorradfahrern, die über die exzellenten Straßen der Region diese Stadt erreichen. Von hier aus bringt dich ein 19 km langer, schneller Abschnitt zum winzigen Kathedralen-Städtchen Ripon. Hier gibt es eine Menge Unterkünfte innerhalb und außerhalb des Ortes.

Beginne den Folgetag mit einem opulenten Yorkshire-Frühstück. Danach richte dein Vorderrad nach den North-York-Mooren und der Nordseeküste aus. Eine 20-minütige Fahrt nach Osten bringt dich zum Marktflecken Thirsk. Ab hier geht es nordostwärts nach Stokesly, Beginn einer 32-km-Etappe mit gutem Asphalt und schwingenden Kurven durch Täler und Wälder nach Helmsley, einem weitereren beliebten Treffpunkt.

Eine gute Stunde dauerte die die Tour von hier über die Heidekraut-bewachsenen North-York-Moore zur Ostküstenstadt Whitby, berühmt im Zusammenhang mit Kapitän James Cook und Bram Stokers *Dracula*. Die Abtei auf der Spitze der Klippen beherrscht die Stadt, und das Panorama vom Küstenpfad aus ist großartig. Eine weitere Berühmtheit von Whitby ist der *Magpie fish and chip shop*, ein beliebtes Bistro. Beende hier deine Tour und spaziere am Pier entlang, während du die delikaten *fish & chips* zu dir nimmst.

◁ *Über Whitby thront die berühmte Abtei.*

# Der Nürburgring

*Genieße die Kulisse der Deutschen Weinstraße und fahre dann hinauf zum Nürburgring.*

**G**önne dir den Nervenkitzel der längsten und möglicherweise anspruchsvollsten Rennstrecke der Erde. Der Ring ist legendär und ein fester Teil der Renngeschichte. 1927 eröffnet, war er als die ultimative Teststrecke für die besten Fahrer der Welt gedacht. Der Nürburgring, der heutzutage lediglich aus der Nordschleife besteht, gehört außerdem zu den schönsten Touren, die sich durch Rheinland und Eifel schlängeln. Stelle dir das Fahrvergnügen auf einer langen Bergstraße ohne Gegenverkehr vor, die gleichzeitig eine Rennstrecke ist – beste Voraussetzungen für beschleunigte Herzfrequenz. Wenn du schon immer den Adrenalinstoß erfahren wolltest, den eine Rennstrecke vermittelt, dann ist dies die Gelegenheit deines Lebens.

▽ *Kurvenreiche Straße durch die Hänge des Moseltals.*

Deutschland

△ *Boppard am Rhein* (links).

△ *Reichsburg Cochem im Moseltal* (rechts).

Der Nürburgring liegt 90 km südwestlich von Köln im Eifel-Mittelgebirge, eine ausgezeichnete Gegend zum Motorradfahren. Kurvenreiche, gut ausgebaute Straßen führen über sanft geschwungene Hügel, durch Täler zwischen Weinbergen, an Kraterseen vorbei und durch ausgedehnte, bewaldete Hänge. Motorradfreundliche Hotels gibt es einige auf dem Weg und am Ring, die abschließbare Parkplätze, Trockenräume und oft auch Reparaturdienste anbieten. Bist du alleine unterwegs, so kannst du hier andere Motorradfahrer treffen. Einige von ihnen wollen mit Sicherheit ebenfalls auf die Nordschleife.

## Die Route

Kombiniere eine Runde um den Nürburgring mit einer mehrtägigen Tour durch das Rheinland. Beginne die Tour in Schweigen, südlich von Bad Bergzabern an der französischen Grenze. Von hier aus geht es nordwärts etwa 125 km über die Deutsche Weinstraße nach Bockenheim. Mittelalterliche Burgen und Festungen thronen über einer Region mit malerisch erhaltenen historischen Städtchen und Dörfern mit Kopfsteinpflaster, umgeben von Reben-bewachsenen Berghängen und bewaldeten Hügeln.

In Bockenheim verlässt du die Weinstraße und hältst dich 114 km nordwärts bis ins hübsche Boppard am Ufer des Rheins. Übernachte dort und brich frühzeitig auf für die 46 km kurze Fahrt zum Nürburgring – gerade weit genug, um die Reifen aufzuwärmen.

## Europa

▷ *Unterwegs auf der Deutschen Weinstraße.*

▽ *Startkurve des Nürburgrings.*

Der Ring wurde ursprünglich als Kombination von Test- und Rennkurs gebaut. Wenn er in diesen Funktionen nicht gebraucht wurde, war er für den Publikumsverkehr freigegeben, was sich bis heute erhalten hat. Offiziell handelt es sich um eine öffentliche, gebührenpflichtige Einbahnstraße, auf der die Straßenverkehrsordnung gilt. Man kann sie mit jedem Kraftfahrzeug benutzen, das eine Straßenzulassung besitzt. Es gibt keine Geschwindigkeits-, aber eine Lärmbeschränkung, die bei 95 dB(A) liegt. Tickets sind am Eingang erhältlich und beginnen bei 23 Euro für eine Runde; es gibt sogar Jahreskarten. Ankommen, zahlen und Gas geben – die schnellste Einbahnstraße deines Lebens. 21 km lang ist der Kurs und besteht aus 33 Links- und 40 Rechtskurven, vergiss also nicht deine Knieschleifer. Der Ring ist keine moderne Rennstrecke, sondern eine Serie von unübersichtlichen Kurven, Steilstrecken und ständig wechselnden Straßenoberflächen.

## Deutschland

Er fordert dich und verzeiht nichts – schätze daher deine Fahrkünste realistisch ein. Es gibt Trainingsprogramme und Fahrerlehrgänge, mit denen du die Techniken lernst, den Ring mit Selbstvertrauen zu meistern und das Beste aus dir und deiner Maschine herauszuholen. Es ist kein Rennen, und es gibt keinen Sekt am Ende der Runde – außer, du bringst deinen eigenen mit. Es ist lediglich die unglaubliche Gelegenheit, den gleichen Kurs unter die Räder zu nehmen wie die weltbesten Fahrer. Freue dich auf eine Rennstrecken-Legende.

## Wann & wie

**Motorrad:** Man kann problemlos mit der eigenen Maschine nach Deutschland einreisen, wenn man nicht ohnehin schon dort lebt. In vielen Großstädten kann man Motorräder mieten, beispielsweise in Köln. Geführte Touren inklusive Maschinen werden ebenfalls angeboten, sowohl von Veranstaltern als auch oft von Hotels.

**Jahreszeit:** April bis Oktober ist die beste Reisezeit. Die Öffnungszeiten des Nürburgrings findest du im Internet unter www.nuerburgring.de.

**Und anschließend:** Erweitere die Tour nach Süden für eine Alpenreise oder nach Frankreich.

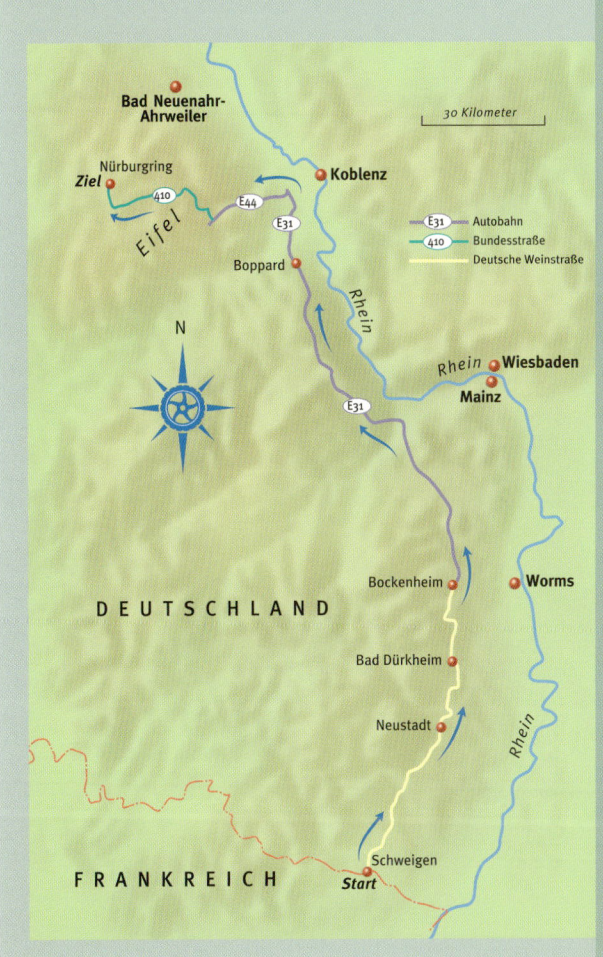

# Rundreise um Annecy und entlang der Côte d'Azur

*Eine Tour von Annecy in den französischen Alpen entlang der historischen Route Napoléon durch die Provence bis zur Côte d'Azur und zurück nach Annecy über die hohen Alpenpässe entlang der italienischen Grenze.*

Die Vielfalt der Landschaft im Südwesten Frankreichs überrascht jeden erstmaligen Besucher. Mächtige Alpengipfel und hochgelegene Pässe erstrecken sich bis zu den mondänen Urlaubsorten an der Côte d'Azur am Mittelmeer. Die ländliche Provence wiederum ist bedeckt mit Lavendelfeldern und lieblichen Bergstädtchen und Dörfern. Wo auch immer du unterwegs bist und wie groß dein Budget sein mag – die fabelhaften Speisen und Weine bilden einen zusätzlichen Höhepunkt eines jeden Besuchs dieser Region.

▽ *Panorama in den französischen Alpen.*

Frankreich ist seit je ein Lieblingsziel für europäische Motorradfahrer. Straßen, die an Rennstrecken erinnern, führen durch ständig wechselnde Landschaften, Maut-Autobahnen sind schnell und allgemein in exzellentem Zustand, Alpenstraßen winden sich in Spitzkehren über schwindelnde Pässe und fallen wieder hinab in malerische Täler. Die Versuchung ist groß, das Gas zum Anschlag zu drehen, doch Achtung: Geschwindigkeitskontrollen lauern, und die Gendarmen werden dich nur zu gerne zur Kasse bitten.

△ *Annecy ist eine pittoreske Stadt in Südfrankreich.*

## Die Route

Die beschriebene Tour erfordert zwei Tage einschließlich einer Übernachtung an der Côte d'Azur. Du kannst auch einige Tage dran hängen und das fantastische Fahrerlebnis mit Besichtigungen in den Bergen und der ländlichen Provence verbinden.

Das hübsche Annecy liegt am Ufer des gleichnamigen Sees. Umgeben von den französischen Alpen – in unmittelbarer Nähe der italienischen und der Schweizer Alpen –, stellt es ein beliebtes Urlaubsziel dar. Es ist ebenso ein idealer Startpunkt für die 105 km lange Strecke südwärts nach Grenoble und der Beginn der historischen *Route Napoléon*, die der Franzosenkaiser 1815 bei der Rückkehr aus seinem Exil auf Elba nahm.

△ *Die mondäne Côte d'Azur.*

▷ *Cime de la Bonette.*

Die N85 gilt als eine der besten Motorradstraßen Europas. Sie beginnt in den Bergen und führt durch eine fantastische Landschaft, während sie sich südlich zum Mittelmeer windet, durch Digne-les-Baines und Castellane, dem Tor zur prachtvollen Verdon-Schlucht. Die Straße ist exzellent, besonders ideal für Sportmotorräder. Der Asphalt ist hervorragend, und die Kurven sind eine raffinierte Kombination von Serpentinen und schnellen, lang gezogenen Biegungen – beste Bedingungen, um das Herz eines Motoradfahrers zu erfreuen.

Fährst du die Côte d'Azur (»Blaue Küste«) entlang, wirst du nach gut 300 km Zeit für ein Mittagessen in einem der hübschen Bergdörfer der Provence haben, bevor du am Nachmittag an der Riviera entlang gondelst oder auf den drei Küstenstraßen in der französischen Riviera Sportwagen jagst.

Übernachte in Nizza und brich am Folgetag früh nach Norden auf. Rund eine Stunde Fahrt ist es zu den zerklüfteten Gipfeln und Tälern des Mercantour-Nationalparks, eine wenig bekannte Region, die Frieden und Stille bietet nach den lebensfrohen Vergnügungen der Côte d'Azur. In

# Frankreich

## Wann & wie

**Motorrad:** Man kann problemlos mit der eigenen Maschine einreisen. In vielen Großstädten ganz Frankreichs kann man Motorräder mieten. Geführte Touren inklusive Maschinen werden ebenfalls angeboten.

**Jahreszeit:** Mai bis September ist die beste Reisezeit. Einige der höheren Pässe sind bis in den Juni hinein geschlossen. Der Verkehr ist wegen der zentralen französischen Ferien von Ende Juli bis Ende August am stärksten.

**Und anschließend:** Es ist eine kurze Tour in die schweizer oder italienischen Alpen. Alternativ nimm die Südroute in die Pyrenäen.

---

seinem Zentrum findest du neben den gepflasterten Sträßchen von St.-Martin-Vésubie Unterkunft, Essen und Wein.

Ab hier folgt eine 100 km lange Fahrt durch das Tinée-Tal nach Barcelonette über den Cime de la Bonette mit 2800 Metern Höhe. Sich an stillen Gipfeln vorbei schlängelnd steigt die Straße nahezu in die Wolken hinauf. Genieße eine Mahlzeit in einem der Cafés am Marktplatz von Barcelonettes und rolle dann etwa 300 km weiter nordwärts durch die engen Spitzkehren und Steilstrecken der Pässe Col d'Izoard und Col de Galibier. Kehre schließlich am späten Nachmittag nach Annecy zurück. Den Tag kannst du mit einem kurzen Abstecher aus der Stadt hinaus zu einem der hübschen Dörfer am Seeufer beschließen, wo du dir ein Abendessen bei Kerzenlicht redlich verdient hast.

# Rundreise Bilbao – Perpignan

*Von der spanischen Atlantik- zur französischen Mittelmeerküste und zurück – diese Tour umfasst die besten Gebirgsstraßen auf beiden Seiten der Pyrenäen, das winzige Fürstentum Andorra und ein ordentliches Stück Katalonien.*

▽ *Mit Freunden und Supermotos durch die Pyrenäen.*

Die Pyrenäen, die eindrucksvolle natürliche Grenze zwischen Frankreich und Spanien, sind der Traum der Motorradfahrer. Spitzkehren und Haarnadelkurven überziehen die Bergkette, die die beiden Länder trennt und knapp über 400 km lang und nur bis zu 50 km breit ist. So kann man Milchkaffee und Croissants in Frankreich frühstücken, Tapas in Spanien zum Mittagessen genießen und zum abendlichen *plat du jour* (Tagesmenü), begleitet von den regionalen Weinen, in Frankreich zurück sein. Das Fürstentum Andorra, eingekeilt zwischen beiden Staaten, ist vollständig von Bergen umgeben. Außer dem fantastischen Fahrerlebnis ist es der ständige Wechsel von Landschaft, Klima und Kultur, der auf der Reise zwischen Atlantik und Mittelmeer oder bei den Grenzüberschreitungen über zahllose Bergpässe beeindruckt.

**Spanien/Frankreich**

Motorradfahrer haben die Qual der Wahl: Die Straßen sind fantastisch, egal, welche Richtung man einschlägt. Fahre im Juni zum Moto-Grand Prix nach Barcelona, erneuere deine Lederkleidung per steuerfreiem Einkauf in Andorra und rolle zum krönenden Abschluss Motorradstraßen entlang, die zu den perfektesten in Europa gehören. Die Straßenoberflächen sind durchweg exzellent und, speziell in Spanien, oft verkehrsarm. Schneebedeckte Gipfel, Felswände und mittelalterliche Burgen erheben sich über Straßen, die zu Gletschern führen, zu Seen und abgelegenen Tälern. Bei den lang gezogenen Kurven, Serpentinen und langen, schnellen Etappen, karussellartigen Kursen, Steilstrecken und Engstellen kommen die Knieschleifer zu vollem Einsatz!

## Die Route

Die beschriebene Tour will dir einen Vorgeschmack auf beide Seiten der Pyrenäen vermitteln, auf die französische und die spanische. Sie erfordert ungefähr zwei Wochen, Besichtigungen und Fahrt inklusive.

Von Bilbao aus geht es stracks in das grüne Spanien. Wenn du es am ersten Tag lieber langsamer angehen möchtest, um die Tour vorzuplanen, bringt dich ein 100 km kurzer Sprint etwas weiter die Küste entlang nach San Sebastián. Die Stadt ist in ganz Spanien für ihre Küche berühmt. Verbringe einen faulen Nachmittag am Strand, dann raffe dich auf und verspeise zum feierlichen Abendessen *pintxos* (baskische Tapas) in einem der hervorragenden Restaurants der Altstadt.

△ *Playa del Sardinero bei San Sebastián.*

Am Folgetag packe dir ein Vesper ein und starte frühzeitig auf die N240 in Richtung Jaca. Die Straße ist gut ausgebaut und bietet großartige Ausblicke. Die Strecke ist leicht in einem Tag zu bewältigen, ob du nun von Bilbao oder von San Sebastián aufbrichst. Speziell der Seeufer-Abschnitt zwischen Yesa und Puente la Reina de Jaca ist reizvoll und lädt zum Genuss des Panoramas beim Picknick ein. In der Region gibt es fantastische Straßen, die sich durch Täler zu wunderschönen entlegenen Dörfern schlängeln. Die Täler Valle de Hecho und Valle de Ansó liegen nordwestlich von Jaca, und mittlerweile gibt es eine Route, die beide verbindet. Jaca ist eine recht große und lebendige Stadt, die sich als Stützpunkt zum Erkunden der westlichen Pyrenäen gut eignet.

Von hier aus fädelst du dich auf die legendäre N260 ein, die ultimative Motorradstraße. Gut ausgebaut, schlängelt sie sich den ganzen Weg bis zur Mittelmeerküste und hinauf zur französischen Grenze. Eine fünfstündige Tour auf dieser fabelhaften Route bringt dich nach La Seu d'Urgell. Von hier aus gelangst du nordwärts nach Andorra für eine Kaffeepause, einen Einkaufsbummel und die Übernachtung. Am Folgetag geht es zurück nach Spanien über den Grenzübergang bei Bourg Madame.

Europa

Die 40 km lange Fahrt über die Coilada de Toses ist eine Genussetappe – schnelle Kurven auf perfektem Asphalt, beliebt auch bei Einheimischen. Am Parkplatz auf halber Strecke kannst du daher andere Motorradfahrer treffen und Tourentipps austauschen, bevor du nach Ripoll zum Mittagessen hinunter bretterst.

Hast du deine Reise in den Juni gelegt, so kannst du nun von Ripoll aus einen Abstecher zum jährlichen Moto-Grand Prix auf der Rennstrecke bei Barcelona machen. Es ist eine recht schnelle, 104 km lange Tour, die nur wenige Stunden erfordert. An einer der stimmungsvollsten Rennstrecken der Welt triffst du tausende von Fans. Die besondere Begeisterung der Spanier muss man erlebt haben, sie sind regelrecht versessen auf die Motorradrennen und wissen das zu feiern. Barcelona selbst ist eine typisch europäische Stadt mit vielen Sehenswürdigkeiten und Kultur.

Fahre zurück in die Pyrenäen oder halte dich von Ripoll aus weiter auf der N260. Auf jeden Fall kommst du durch Figueres, Salvador Dalís Heimatstadt, wo sich das Teatre-Museu Dalí befindet – wer Interesse an surrealistischer Kunst hat, sollte hier unbedingt Halt machen.

Folge der N260 auf ihrem gewundenen Weg entlang

## Wann & wie

**Motorrad:** Man kann problemlos mit der eigenen Maschine einreisen. In vielen größeren Städten Frankreichs und Spaniens, z. B. Bilbao (baskisch: Bilbo), kann man Motorräder mieten. Geführte Touren inklusive Maschinen werden ebenfalls angeboten.

**Jahreszeit:** Die Tagestemperaturen sind von März bis Mai und in der zweiten Septemberhälfte angenehm. Juni bis August ist es heiß, und die Touristenströme werden dichter.

**Und anschließend:** Erweitere die Tour ins südöstliche Frankreich oder südwärts nach Andalusien.

Spanien/Frankreich

*Die Motorräder kühlen ab vor einem beeindruckendem Panorama.*

der Küste, bis sie zur N114 wird, sobald du die Grenze nach Frankreich Richtung Perpignan überquerst.

Die beiden Seiten der östlichen Pyrenäen sind ein regelrechter Spielplatz für Motorradfahrer. Lasse also dein Gepäck für ein paar Tage in einer Unterkunft und »spiele« mit den Pässen. Motorradhotels in charmanten Dörfern hoch in den Bergen sind ein idealer Ausgangspunkt, um einheimische Köstlichkeiten und Weine zu probieren und andere Fahrer kennenzulernen.

Du kannst dich nicht verfahren, wenn du Perpignan auf der D117 verlässt. Eine 75-km-Tour Richtung Westen bringt dich nach Quillan, wo die Straße steil nach Foix ansteigt, gefolgt von schnellen, lang gezogenen Kurven nach Saint Girons. Ein großartiges Fahrerlebnis bietet die D618, die sich durch eine Abfolge von schmalen Bergpässen Richtung Col d'Aspin fädelt. Das setzt sich auf der D918 fort, die 250 km weit durch die französischen Pyrenäen auf den Atlantik zustrebt. Überall auf der Strecke kannst du auf zahllosen Serpentinen zu einem Bergpass abbiegen, der auf der Südseite nach Spanien hinunter führt, bis du wieder im Hafen Bilbaos angelangt bist.

*Spitzkehren in den Pyrenäen.*

# Rundreise in Andalusien

*Mit dem Startpunkt in Malaga umfasst diese Tour die Berge der Sierra Nevada, den Cazorla-Naturpark, die Maurenstädte Cordoba und Sevilla sowie die wilde Costa de la Luz, bis sie schließlich über die Sierra de Grazalema nach Malaga zurückführt.*

▽ *Der prachtvolle Alhambra-Palast in Grenada.*

**D**ies ist das Land der lebensfrohen Menschen und ihrer vielen *Fiestas*. Motorradfahren ist locker, und die Sonne scheint fast immer. Man kann seine Tage mit dem Abzirkeln der Sierra-Spitzkehren verbringen, dem Erkunden der maurischen Architektur, und die Abende in der Party-Atmosphäre der andalusischen Städte und Dörfer.

Die Spanier sind versessen auf Motorräder. Motorrad-Besucher werden daher besonders herzlich willkommen geheißen. Die kurvenreichen Bergstraßen sind gut ausgebaut, und die gesamte Region ist überzogen von Offroad-Pisten. Wenn du noch keine Geländeerfahrungen hast, sie dir aber aneignen möchtest, dann ist Spanien das ideale Trainingsland. Nimm die langen Sandstrände hinzu, die historischen Städte, köstliches Essen und Weine, und du hast eine großartige Mischung. Als Urlaubsziel für Motorradfahrer ist Andalusien schwer zu überbieten.

△ *In Spanien ist gutes Wetter nahezu garantiert* (links).

△ *Trotz der Serpentinenstraßen ist Motorradfahren entspannt* (rechts).

## Die Route

Die beschriebene Tour gibt eine Kostprobe vom maurischen Spanien und kann innerhalb einer Woche bewältigt werden. Wenn du allerdings das Fahren mit Besichtigungen, Erkundungen der Nationalparks und Erholung am Strand verbinden willst, brauchst du mehr Zeit.

Von Malaga ist es eine Distanz von rund 100 km bis zu den kurvigen Bergsträßchen der Sierra Nevada und den Tälern des Las-Alpujarras-Gebirges. Erobere die schönen Bergpässe und genieße die Panoramen. Wenn du an Eindrücken satt bist, fahre hinunter zur Maurenstadt Granada mit seiner Architektur-Perle, der Alhambra, eingerahmt von der Kulisse der Sierra Nevada. Genieße ein paar Tage in der wunderschönen Stadt, bevor du nach Nordosten aufbrichst, um nach etwa 200 km den Cazorla-Naturpark zu erreichen, wo dich malerische Strecken auf befestigten und unbefestigten Wegen erwarten.

Von Cazorla aus windet sich die Straße über den 1200 Meter hohen Puerto de las Palomas (»Tauben-Pass«) und wieder hinunter zum Empalme del Valle, wo sie nordwärts abbiegt, um dem

## Europa

▷ *Ronda in der spanischen Provinz Malaga.*

Guadalquivir-Tal zu folgen. Auf den N 322 bringt dich eine zweistündige Fahrt nach Cordoba, wo du dich im Labyrinth der Altstadt verlaufen kannst, die die Mezquita (Moschee) aus dem 8. Jahrhundert umgibt.

Wenn du nicht Vollgas auf der Autobahn geben willst, wähle die malerische A431 für die 130 km nach Sevilla, Andalusiens Hauptstadt. Gönne dir eine Mahlzeit an einem der Tische auf den gepflasterten Straßen, unternimm eine Besichtigungstour auf einem Pferdewagen und gondele am Guadalquivir-Fluss dem Sonnenuntergang entgegen.

Von Sevilla geht es eine Stunde lang südwärts in das liebliche Städtchen Jerez de la Frontera. Im Mai zieht die hiesige Rennstrecke Zuschauer aus ganz Europa für den Moto-Grand Prix an. Wenn du eines Beweises bedarfst, dass die Spanier Motorräder lieben, dann mische dich nur unter die Menge.

Südöstlich führt die Tour weiter an der Costa de la Luz (»Küste des Lichts«) entlang, dem wilden, unberührten »Gesicht von Andalusien« mit weißen Stränden und zerklüfteten Klippen. Das Meer sorgt für eine ständige kühle Brise, eine willkommene Erfrischung, wenn du aus Andalusiens heißem, trockenem Inneren kommst.

Übernachte in Tarifa an der Südspitze Spaniens und rolle von dort wieder nordwärts nach Ronda, das links und rechts der El-Tajo-Schlucht liegt und von den Bergen der Serrania de Ronda umgeben ist.

Die malerische Strecke führt dich durch den Naturpark Los Alcornocales und in den Sierra-de-Grazalema-Nationalpark auf einer Straße, die in zahlreichen Kurven aufwärts steigt und dann in lang gezogenen Biegungen wieder hinab führt.

△ *Der Moto-Grand Prix von Jerez zieht große Menschenmengen an.*

Die Ausblicke sind spektakulär, und die Landschaft wechselt ständig. Die Korkeichen-Wälder werden von schroffen Kalkklippen abgelöst, von Tälern und Schluchten. Im Frühling ist die Luft vom süßen Duft der Mimosen und Mandelblüten gesättigt, der dich nach Ronda hineingeleitet, dem beliebten Motorrad-Treffpunkt. Mach Halt für eine Mahlzeit sowie für einen Blick in die Schlucht, bevor du eine weitere malerische Straße nach Osten unter die Räder nimmst, die dich 100 km weit zurück nach Malaga und an die Mittelmeerküste führt.

Spanien

**Motorrad:** Man kann problemlos mit der eigenen Maschine einreisen. Malaga und Sevilla bieten eine große Auswahl an Mietmotorrädern. Geführte Touren inklusive Maschinen werden ebenfalls angeboten, sowohl auf Asphalt als auch Offroad.

**Jahreszeit:** Die Tagestemperaturen sind von März bis Mai und in der zweiten Septemberhälfte angenehm. Vermeide die heiße Zeit und die Menschenmengen von Juni bis August.

**Und anschließend:** Buche die Fähre von Tarifa oder Algeciras nach Marokko. Alternativ reise nordwärts in die Pyrenäen.

## Wann & wie

# Schweizer Alpen und Tirol

*Starte in der Schweiz, unternimm einen kurzen Abstecher nach Italien und fahre schließlich hinauf nach Tirol in Österreich.*

Die Alpen erstrecken sich von Slowenien und Österreich im Osten über Italien, Liechtenstein, die Schweiz und Deutschland nach Frankreich im Westen. Die Region ist bekannt für ihre ursprüngliche Schönheit, die frische Bergluft und einige der prächtigsten Berge der Erde, beispielsweise das Matterhorn und den Mont Blanc.

Die Alpen sind zweifellos die berühmteste Motorradregion Europas. Hervorragend ausgebaute Straßen durchschneiden die Berge und sorgen für aufregende Fahrerlebnisse, verbunden mit atemberaubender Berglandschaft. Allein die Schweiz bietet 72 Pässe auf einer endlosen Spirale mit perfektem Asphalt. Italiens Stelvio-Pass ist ein Serpentinen-Himmel, und Österreich ist stolz auf den Großglockner-Pass, der zum Pflichtprogramm einer Motorradtour gehört.

## Die Route

Die Strecke ist leicht in etwa vier Tagen zu bewältigen und gibt lediglich einen Vorgeschmack auf die spannenden Fahrerlebnisse, die dich in den Alpen erwarten.

Beginne mit einer kurzen Tour von rund 200 km. Sie erfordert etwa eineinhalb Stunden, um in der Schweiz von Zürich zum Touristenort Meiringen zu gelangen. Mache hier eine Pause und genieße den Anblick der Alpen während des Mittagessens, bevor du dich in die Höhepunkte des Nachmittags stürzt. Der erste ist der dramatische Grimsel-Pass, direkt gefolgt vom 2431 Meter hohen Furka mit seinen fabelhaften Ausblicken auf den Rhône-Gletscher. Die Straße ist regelrecht in die Berge gemeißelt und gespickt mit schweißtreibenden Haarnadelkurven, was den Adrenalinpegel in die Höhe jagt und große Anforderungen an das Getriebe stellt. Rolle vom Pass hinunter nach Andermatt hinein. Umgeben von Gipfeln, ist die Stadt ein beliebter Rastpunkt für Motorradfahrer. Übernachte also hier, rede Benzin und trinke ein Bier mit Gleichgesinnten.

Weitere 300 km drehen an der Uhr, wenn du Andermatt verlässt und südwärts über den Sankt Gotthard auf einigen der besten Straßen braust, die dir je unter die Räder kommen.

Durchfahre das hübsche alte Bellinzona, erklimme den 2063 Meter hohen San Bernardino, von wo es ostwärts zu den Spitzkehren des Splügen-Passes geht. Du landest im hübschen Cia-

▽ *Der Furka-Pass bietet herrliche Ausblicke.*

venna – irgendwo muss wohl die schweizerisch-italienische Grenze gewesen sein. Wein, Schinken und Käse, gereift in den umliegenden Bergen, sind die lokalen Spezialitäten. Bocke also die Maschine vor einem der Freiluft-Cafés auf, genieße das Panorama und die regionalen Speisen, während der Motor für die nachmittägliche Fahrt abkühlt.

Zurück geht es in die Schweiz, vorbei an den Wäldern, Seen und Schneegipfeln des Engadins. Spendiere dir eine Übernachtung im glitzernden Sankt Moritz oder fahre 35 km weiter nordwärts ins friedliche kleine Zernez nahe der alpinen Wildnis des Parc Naziunal Svizzer (rätoromanisch für »Schweizer Nationalpark«).

Die HW 28 bringt dich am Folgetag rund 100 km weiter nach Süden über die italienische Grenze in den Kurort Meran, am Aufstieg zum 2757 Meter hohen Stelvio-Pass vorbei. Unternimm einen Tagesabstecher zu seinem Scheitel, wenn die Versuchung zu groß ist: Die Straße hinauf ist die höchste befestigte Route der Ostalpen und bietet 42 Spitzkehren.

Von Meran aus führt dich die Route nordwestwärts über das steile, schmale Timmelsjoch nach Österreich. Übernachte im quirligen Innsbruck, Hauptstadt des Bundeslandes Tirol, und freue dich auf den 3798 Meter hohen Großglockner-Pass.

△ *Andermatt ist ein beliebter Treffpunkt für Motorradfahrer.*

Europa

## Wann & wie

**Motorrad:** Man kann problemlos mit der eigenen Maschine einreisen. In Zürich kann man Motorräder mieten. Geführte Touren inklusive Maschinen werden ebenfalls angeboten.

**Jahreszeit:** Die meisten Pässe sind von Juni bis Oktober geöffnet. Von Ende Juli bis Ende August ist der Verkehr stark.

**Und anschließend:** Von Lienz aus südwestwärts nach Cortina d'Ampezzo in den italienischen Dolomiten, oder über den Wurzen-Pass nach Slowenien.

## Schweiz/Österreich

Etwa drei Stunden dauert die Fahrt von Innsbruck nach Fusch, dem Beginn der mautpflichtigen Großglockner Hochalpenstraße. Die Passstraße begrüßt Motorradfahrer besonders herzlich mit spezieller Information, Parkplätzen und Gratis-Schließfächern. Die Gipfel sind zum Greifen nah, während du die erstaunlichen 39 Haarnadelkurven auf 48 km hinaufzirkelst. Hier kannst du deine Kurvenkünste auf dem ebenen, griffigen Asphalt perfektionieren. Wenn du den Großglockner hinter dir gelassen hast, ist dein nächstes Ziel der von Cafés gesäumte Marktplatz in Lienz, einem malerischen Städtchen nahe der italienischen Grenze, über das die rötlichen Zinnen der Dolomiten wachen.

◁ *Märchenhaftes Alpenpanorama* (links).

◁ *Griffiger Asphalt in den Schweizer Alpen* (rechts).

▽ *Dramatischer Aufstieg zum Grimsel-Pass.*

# Dolomiten

*Eine Tour über die sagenhafte Große Dolomitenstraße von Bolzano durch das Herz der Dolomiten nach Cortina d'Ampezzo.*

Im Norden Italiens gelegen, bieten die Dolomiten ein gewaltiges Panorama mit vielen zerklüfteten Felszinnen, die sich hoch über bewaldete Täler mit Wildblumen und smaragdgrünen Seen erheben. Die Verbindungsstraßen zwischen den Gebirgsketten schlängeln sich durch großartige Gebirgslandschaften und hübsche, blumengeschmückte Dörfer.

▽ *Carezza-See.*

Es gibt nur wenige gerade Etappen in den Dolomiten. Nackte, senkrechte Felswände erheben sich über dem exzellenten Asphalt, der sich an den Fuß der Berge schmiegt. Das Panorama ist beeindruckend und macht es schwer, den Blick auf der Straße zu halten. Was jedoch das Motorraderlebnis in dieser Region so einzigartig macht, ist die warme Gastfreundschaft der Italiener. Nahezu jedes Hotel und Restaurant hängt »Bikers welcome«-Schilder auf und bietet spezielle »Biker-Menüs« an. Hotels werben auf einem orangen Schild mit Motorrad-Piktogramm und den Worten *moto sotto il tetto* (»Motorrad unter Dach«) und bieten bewachtes Parken, Tourentipps sowie oftmals Wellness-Angebote, um deinen Gliedern nach einem langen Tag Erholung zu gönnen. Nutze diese fantastische Gastfreundschaft und suche dir einen Stützpunkt für mehrere Tage. Schnall das Gepäck ab, setze dich zu anderen motorradfahrenden Hotelgästen und betrachte die Gipfel, wie sie sich im Sonnenuntergang rosa färben, während du gemütlich die Tour des nächsten Tages planst.

△ *Cortina d'Ampezzo* (links).

△ *Unterwegs auf den weitläufigen Straßen der Dolomiten* (rechts).

## Die Route

Dies ist eine klassische Tour, verbunden mit Abstechern auf Straßen, die sich über sagenhafte Pässe und an senkrechten Felswänden entlang schlängeln. Sie umfasst einen Tag mit 150 km und gibt nur eine Kostprobe der Fahrfreuden, die diese Gegend bietet.

Beginne in der hübschen alten Stadt Bolzano (deutsch: Bozen) und fahre südostwärts auf der Großen Dolomitenstraße zum Carezza-See, in dessen stillem Wasser sich die Zacken der Latemar- und Catinaccio-Gebirgskette spiegeln. Von Carezza erklimmt die Straße den Costalunga-Pass, doch biege ein paar Kilometer vor dem Sattel Richtung Nigra-Pass ab, von wo es etwa acht

## Wann & wie

**Motorrad:** Man kann problemlos mit der eigenen Maschine einreisen. In Venedig und Verona sowie anderen Großstädten kann man Motorräder mieten. Geführte Touren inklusive Maschinen werden ebenfalls angeboten, sowohl von Veranstaltern als auch von manchen Hotels.

**Jahreszeit:** Juni bis September ist die beste Reisezeit. Vermeide den Andrang im August.

**Und anschließend:** Von Cortina d'Ampezzo über die Grenze nach Österreich oder Slowenien.

Kilometer sanft hinab geht nach Tires. Mach Halt auf einen Cappuccino und bewundere die atemberaubende Sicht.

Wieder auf der Maschine, sind die Ausblicke überwältigend, während du rechts nach Ortisei abbiegst, ein kurvenreicher Anstieg über Castelrotto. Verpasse nicht die Straße zum Rifugio Bellavista, der »Hütte zur schönen Aussicht«, die auf 1884 Metern Höhe an einer 10 km langen Straße liegt mit vielversprechenden Kehren für so manche Knieschleiferei. Hütten sind bekannt für ihre einfachen, aber schmackhaften Mahlzeiten, von den fantastischen Ausblicken zu schweigen. Mache hier zum Mittagessen Halt, bevor du nach Ortisei weiterfährst.

Von dort führt die SS 242 zum Sella-Gebirgsmassiv. Die sagenhafte Rundtour über die Pässe, die diese beeindruckenden Gipfel umgeben, ist ein begeisterndes Erlebnis – die Straße muss wohl von einem Motorradfahrer geplant worden sein. Wenn du die Pässe-Rundtour hinter dir hast – möglicherweise mehrere Male –, kehre in Canazei zurück auf die Große Dolomitenstraße, die ostwärts über weitere hohe Pässe führt. Zunächst kommt der Pordoi-Pass mit über 30 Haarnadelkurven auf der Ostrampe. Sie führen ins Städtchen Arabba, ein beliebter Motorrad-Treffpunkt.

Fahre gemächlich durch ein paar kleinere Gemeinden, bevor die Straße zum Passo di Falzarego ansteigt, eine Mischung aus langen Biegungen, Spitzkehren und schnellen Geraden. Danach geht es hinunter ins lebendige Cortina d'Ampezzo, das von einigen der höchsten Berge der Dolomiten umgeben ist. Erhole dich mit einem kühlen Getränk am Marktplatz, während du den Strom von Motorrädern betrachtest, die vom Pass herunter donnern. Einfach *moto bellissimo*!

◁ *Die Sella-Gipfelgruppe ist Teil der Dolomiten.*

▽ *Obwohl auch im Winter herrlich, sind die Dolomiten besonders ein Sommerziel – vor allem für Motorradfahrer.*

# Von Ljubljana zum Bleder See

*Eine Fahrt in die ost-slowenischen Weinberge, zu den Karstformationen des Soca-Tals und in die Berge des Triglav-Nationalparks.*

Hineingeschmiegt zwischen Alpen und Adria, gehört Slowenien zu den kleinsten und lieblichsten Ländern Europas. Der wenig bekannte Landstrich mit vielen uralten Wäldern und Gletscherseen ist am besten geeignet, um den Menschenmengen im Sommer zu entfliehen. Die Kalksteingipfel und grünen Täler des Nordwestens bilden die südlichsten Ausläufer der Alpenregion, die sich vom Nachbarn Österreich nach Italien zieht. Im Osten schwingen sich sanfte Weinberge hin zum warmen Wasser der Adriaküste.

Mit knapp 300 km Breite mag Slowenien klein sein, seine Landschaften aber sind großartig. Ländliche Städtchen und Dörfer bieten preiswerte Unterkünfte und herzliche Gastfreundschaft, sodass Reisen durch dieses schöne Land durchweg erholsam sind.

▽ *Fotostopp im Logarska-Tal.*

Slowenien

Die Straßenzustände sind allgemein sehr gut, wenn auch manche der kleinen Nebenstraßen etwas rau sein können. Der Verkehr auf dieser Seite der Alpen ist weitaus geringer, was dir leere Straßen einbringt, die über Weinberge in bewaldete Täler führen und über hohe Alpenpässe.

## Die Route

Plane etwa eine Woche für die beschriebene Tour ein – etwas länger, wenn du außerdem die Nationalparks erkunden willst.

Ljubljana, Sloweniens Hauptstadt, ist klein, aber quirlig, daher kann man ein paar angenehme Tage dort verbringen. Die engen Straßen sind übersät mit den Tischen von Restaurants und Bars, und Cafés säumen den Fluss. Das mittelalterliche Skofja Luka liegt nur eine halbe Stunde nordwestlich von Ljubljana entfernt und lohnt einen Besuch. Von hier aus halte dich rund 100 km nordöstlich bis zum prachtvollen Gletschertal Logarska in den Kamniske-Savinja-Alpen, eine reizvolle Region, um eine Mittagspause einzulegen und vielleicht einen kurzen Spaziergang zu unternehmen.

Weiter geht es etwa zwei Stunden lang, hauptsächlich auf der Autobahn, ostwärts nach Ljutomer, dem Beginn von Sloweniens Weinstraße.

▽ *Weingärten bei Jeruzalem.*

# Europa

▷ *Der Triglav-Nationalpark.*

Eine kurze, aber malerische Strecke schlängelt sich knapp 20 km durch pittoreske Weinterassen, das reizvolle Bergdorf Jeruzalem und weiter nach Ormoz. Jeruzalem erhielt seinen Namen von Kreuzfahrern im 13. Jahrhundert, die fasziniert waren von der landschaftlichen Schönheit und den guten Weinen. Übernachte in einem der Dörfer und probiere ebenfalls den Wein.

Von Ormoz aus rolle rund 270 km weiter südwärts durch das historische Ptuj auf engen, malerischen Straßen, die sich durch die unberührten Wälder und Weingärten Ost-Sloweniens winden. Nahezu der ganze Tag ist nötig, um Postojna zu erreichen, die Stadt, die den Postojna-Höhlen am nächsten liegt. Besuche ihre riesigen Kammern, und ebenso die mittelalterliche Burg Predjama, die dramatisch in halber Höhe an einer 130-Meter-Klippe wie festgeklebt wirkt. Von hier aus ist es nur ein kurzer Trip zu den Höhlen von Škocjan, die als Welterbe der UNESCO zu einem der beeindruckendsten Naturerlebnisse Sloweniens zählen.

Nordwestwärts von Postojna geht es rund 100 km zum lieblichen Soca-Tal, in dem der smaragdgrüne Fluss von den Kalksteingipfeln herunter strömt. Die Stadt Bovec ist ein Zentrum für Abenteuersportler und bietet eine gute Auswahl an Unterkünften. Von hier aus nimm den beeindruckenden Vrsič-Pass in Angriff, den höchsten in Slowenien. Die malerische, 25 km lange Straße durchschneidet die alpine Kulisse mit einer Serie von 50 fantastischen Haarnadelkurven und verbindet Bovec mit Kranjska Gora im Triglav-Nationalpark.

▽ *Mittagspause auf einem Marktplatz in Slowenien* (links).

▽ *Der Bleder See ist Endstation der Tour* (rechts).

Von dort sind es nur 45 Minuten nach Bled und dem gleichnamigen See am Rand der Julischen Alpen. Der See ist von schneebedeckten Bergen umgeben, am Nordufer liegt ein Märchenschloss und in seiner Mitte eine winzige Insel. Vor diesem Panorama lässt es sich gut erholen und entscheiden, ob der Weg von hier aus in die italienischen Dolomiten oder die österreichischen Alpen weiterführen soll.

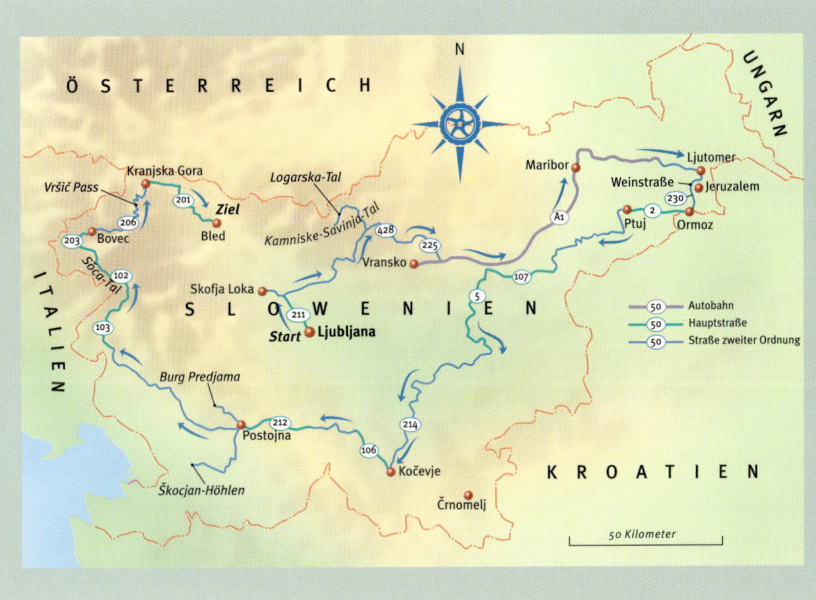

**Motorrad:** Man kann problemlos mit der eigenen Maschine einreisen. In Ljubljana kann man Motorräder mieten. Geführte Touren inklusive Maschinen werden ebenfalls angeboten.

**Jahreszeit:** Mai bis September ist die beste Reisezeit.

**Und anschließend:** Hinüber in die italienischen Dolomiten oder nach Österreich für eine Alpen-Rundtour.

## Wann & wie

# Rundreise: Istanbul–Anatolien–Küste

*Eine Reise von Istanbul ostwärts in die Mondlandschaft Anatoliens, durch das Taurus-Gebirge und entlang der türkisblauen Küste, dann nach Norden an der Ägäis vorbei und zurück nach Istanbul über die Dardanellen.*

Dieses Land ist voll von Legenden und Geschichte. Ruinen des römischen und des byzantinischen Reichs liegen verstreut an den Küsten des Mittelmeers und der Ägäis. Die christlichen Höhlenkirchen Kappadokiens sowie die Landschaft bezaubern Besucher in Zentral-Anatolien. Man kann die tanzenden Derwische von Konya besuchen und die uralte Stadt Troja erkunden.

Die Wärme und Freundlichkeit der Türken macht eine Motorradreise durch ihr Land zu einer lohnenden und angenehmen Erfahrung. Eine Frage nach dem Weg mündet oftmals in einer Einladung zum *tavla*-Spiel (Backgammon), zu Getränken oder gar in den Kreis von Freunden und Familie. Die Gastfreundschaft ist echt und weitherzig, sie wird dich begleiten von der Weltstadt Istanbul über Küstenstädtchen bis in schläfrige Dörfer. Außerdem ist sie untrennbar verbunden mit der köstlichen und vielfältigen türkischen Küche. Auch auf den abgelegensten Nebenstraßen ist man nie weit entfernt von einem Restaurant oder Café, die oft Treffpunkt des Dorfes sind und ein idealer Ort, um Menschen kennen zu lernen.

In der Türkei ist das Motorrad als Hobby eine relativ neue Erscheinung. Derzeit trifft man mehr türkische Motorradfahrer als je zuvor, die ihr Land auf zwei Rädern erkunden. Die Straßenverhältnisse wechseln von ebenen, schnellen Autobahnen zwischen den großen Städten zu holprigen Landstraßen. Die Hauptstraßen werden nicht regelmäßig unterhalten und können schnell von gutem Teer zu Schlagloch-Asphalt werden. Doch generell ist der Verkehr nie schnell, und die Entfernungen zwischen den Städten sind nicht sehr groß. Wenn du sie einmal entdeckt hast, wird dir die Mittagsrast in einem *lokanta* (Restaurant) zum regelmäßigen Höhepunkt des Tages werden, und du wirst dich schnell in eine gemächliche Reisegeschwindigkeit finden.

△ *Ein Motorrad eignet sich immer gut, um vor der Kamera zu posieren.*

## Die Route

Die Türkei ist ein großartiges und abwechslungsreiches Land, das endlose Möglichkeiten für Motorradfahrer bietet. Wenn du zwei Wochen Zeit hast, probiere die beschriebene gemütliche Rundtour über 3000 km aus.

Istanbul ist zweifellos eine der schönsten Städte der Welt. Verweile daher ein paar Tage, um ihren vielfältigen Charme zu genießen.

Türkei

Durch Instanbuls vollgestopfte alte Straßen zu fahren, ist haarsträubend, doch irgend jemand wird dir immer den richtigen Weg weisen. Schließlich aus der Stadt hinaus, ist der Verkehr eher gemächlich und gering. Es erfordert etwa eine Stunde, um von der Stadt zum Fähranleger bei Eskihisar zu gelangen. Eine 30-minütige Fahrt über einen Ausläufer des Marmara-Busens bringt dich nach Topcular. Wer den Stadtverkehr meiden möchte, kann alternativ von Yenkapı in der Altstadt nach Yalova oder Bandırma übersetzen. Unmittelbar nach der Fähre befindest du dich auf reizvollen Bergstraßen, die sich 180 km weit an der Ostspitze des Iznik-Sees vorbei nach Bursa winden, das sich an die Hänge des Berges Uluda schmiegt. Berühmt als erste Hauptstadt des Osmanischen Reiches, besitzt Bursa außerdem eine wohlverdiente Reputation für seine köstlichen Speisen Iskender Kebab und *kestane şekeri*, kandierte Kastanien. Verbringe den Nachmittag beim Bazar-Bummeln, erworbene lokale Delikatessen kannst du später im Tankrucksack verstauen.

Die 450 km lange Straße nordostwärts nach Safranbolu über Bozüyük und Bolu streift Täler, Seen und Berge. Die Spezialitäten vom Bazar vernaschst du beim Picknick, das du unterwegs einlegst, um den Ausblick zu genießen. Safranbolu ist eine wunderschön erhaltene osmanische Stadt und gehört zum Weltkulturerbe der UNESCO. Lasse dich im *hamam* (Dampfbad) aus dem 17. Jahrhundert verwöhnen und übernachte in einem restaurierten Haus aus osmanischer Zeit.

Die weitere Fahrt in die einzigartige Landschaft der zentralanatolischen Hochebene erfordert einen ganzen Tag. Die Straße schlängelt sich über die herrlichen Pässe auf der Westseite des Schwarzen Meeres und führt wieder hinab zur Vulkanlandschaft von Kappadokien. Du rollst durch Täler mit seltsam erodierten Felsformationen und triffst auf freskengeschmückte Höhlenkirchen und unterirdische Städte, die aus dem weichen Vulkangestein heraus gemeißelt wurden. Unterkünfte gibt es zahlreich in Göreme und Ürgüp. Übernachte in einem der Höhlenhotels, reizvoll und kühl während des Tages.

▽ *Die Vulkanlandschaft Kappadokiens.*

Europa

## Wann & wie

**Motorrad:** Man kann problemlos mit der eigenen Maschine einreisen. In Istanbul und Ankara kann man Motorräder mieten. Geführte Touren inklusive Maschinen werden ebenfalls angeboten.

**Jahreszeit:** Die Tagestemperaturen sind Anfang Mai und ab Mitte September angenehm. Juni bis August ist es heiß, und die Touristenströme an den Küsten werden dichter.

**Und anschließend:** Zu anderen hier beschriebenen Touren gibt es keine Landverbindung.

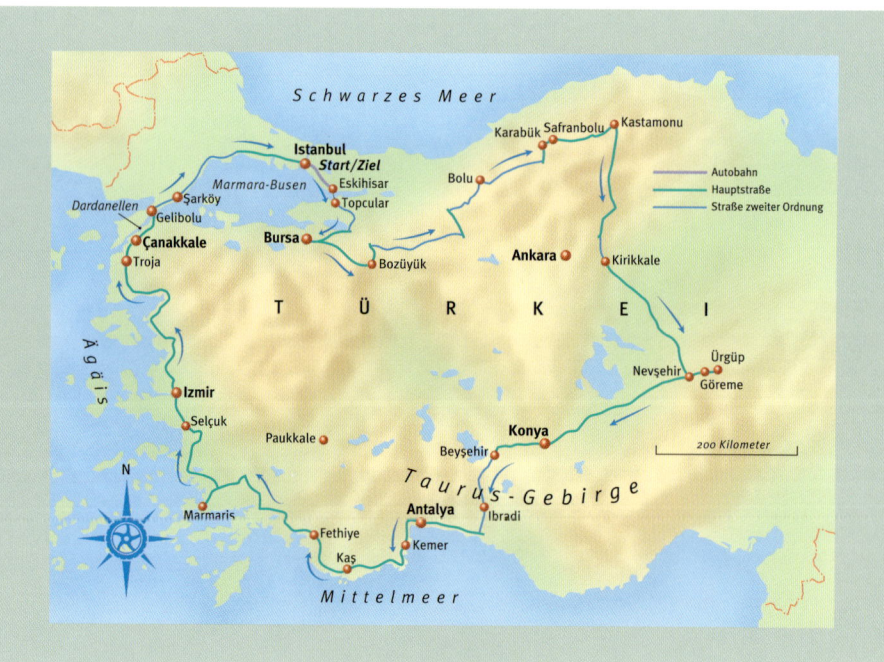

# Türkei

Betrachte den Sonnenuntergang über der geheimnisvollen Landschaft, während du an dem Wein nippst, der in dieser Gegend seit Jahrhunderten angebaut wird.

Die 300 km nach Westen sind eine schnelle Fahrt durch die landwirtschaftlich genutzten Ebenen der Zentral-Türkei nach Konya, dem spirituellen Zentrum der religiösen Tradition, der die tanzenden Derwische angehören. Einen Tag lang führt die Reise hinter Konya über das Taurus-Gebirge ans Mittelmeer. Wähle die Nebenstraße über Beysehir und Ibradı nach Antalya, und du wirst mit einer fantastischen 120-km-Fahrt und beeindruckenden Panoramen belohnt.

Wenn du für ein paar Tage die Stiefel abstreifen möchtest, so mache an der Küstenstraße Halt, die mit archäologischen Stätten, Sandstränden und unzähligen Übernachtungsorten gesäumt ist. Willst du dir nur eine griechisch-römische Stätte ansehen, so muss es Ephesus sein, 400 km entfernt von Antalya, außerhalb der Stadt Selçuk an der Ägäis-Küste. In Ephesus kann man einen ganzen Tag mit Spaziergängen zwischen den Tempeln, Theatern und Bädern verbringen, allerdings nicht in voller Ledermontur während der größten Tageshitze!

Während der weiteren Fahrt an der Ägäis entlang besuche das sagenhafte Troja, knapp 20 km südlich von Çanakkale. Es gibt regelmäßige Fährverbindungen von Çanakkale über die Dardanellen zur Halbinsel Gelibolu (Gallipoli), Schauplatz schrecklicher Kämpfe während des Ersten Weltkriegs und heute Nationalpark. Von hier aus sind es nur wenige Stunden zurück nach Istanbul. Nimm dort an Verkaufsverhandlungen im großen Bazar teil, bestaune den Reichtum des alten osmanischen Reiches und bewundere das herrliche Panorama auf einer Nachmittagstour am Bosporus.

◁ *Der große Bazar Istanbuls* (links).

◁ *Nach dem Satteltausch* (rechts).

▽ *Das Taurus-Gebirge.*

Alle Kontaktadressen wurden nach bestem Wissen erstellt. Verlag, Autor und Übersetzer haften nicht für eventuelle Fehler.

Manche der angegebenen Veranstalter bieten Mietmotorräder auch ohne Buchung einer geführten Tour an. Die angegebenen Adressen sind nur eine kleine Auswahl. Im Internet finden sich weitere.

## AFRIKA

**MAROKKO**
Touristeninformation: www.visitmorocco.com

**Wilderness Wheels**
61 Hay al-Qods, Ouarzazate 45000, Marokko
Tel: +212 24 88 81 28
E-Mail: infos@wildernesswheels.com
Internet: www.enduromarokko.com

*Organisierte geführte Enduro-Touren in Marokko.*

**KENIA**
**Touristeninformation:** www.magicalkenya.com

**FredlinkTours & Safari**
Diani Beach Road, PO Box 85976-80100, Mombasa, Kenia
Tel: +254 403 300 253
E-Mail: fredlink@wanadoo.fr
Internet: www.motorbike-safari.com

*Enduro-Touren in Kenia und Tansania.*

**NAMIBIA/SÜDAFRIKA**
Touristeninformation: www.namibia-tourism.com, www.southafrica.net

**Africa Motion Tours**
AMT Germany, Namib Hues, Destination Marketing
Rind'sche Stiftstraße 16,
61348 Bad Homburg
Tel: +49 6172 683111
E-Mail: brita.flinner@namibhues.com
Internet: www.namibhues.com

*Spezialisiert auf Motorrad- und Quad-Touren auf Straße und Gelände. Außerdem Kaufmöglichkeiten mit Rückkaufgarantie.*

**Mamba-V-Tours**
61 Hendrik Verwoerd Drive, Panorama, Kapstadt, Südafrika 7500
Tel: +27 21 911 0776
E-Mail: info@mamba-v-tours.co.za
Internet: www.mamba-v-tours.co.za

*Harley-Davidson-Vermietung, geführte Touren, Individualreisen.*

**Karoo Biking**
CC Loft 4, 5 Howe Street, 7925 Observatory, Kapstadt, Südafrika
Tel: +27 82 533 6655
E-Mail: info@karoo-biking.de
Internet: www.karoo-biking.com

*Spezialisiert auf Straßen- und Enduro-Touren sowie BMW-Mietmotorräder.*

## AMERIKA

Touristeninformation: www.canadatourism.ca
www.visitusa.org.uk
www.visitmexico.com
www.visitcostarica.com
www.visit-chile.org
www.argentinaturistica.com

Sturgis Rally www.sturgismotorcyclerally.com

**EagleRider**
11860 S. La Cienega Blvd, Los Angeles, CA 9050, USA
Tel: +001310 536 6777
E-Mail: rent@eaglerider.com
Internet: www.eaglerider.com

*Bietet geführte Touren und Mietmaschinen in den gesamten USA an.*

**Motorcycle Tour Guide Nova Scotia**
PO Box 5039, Waverley, NS, BR21S2, Kanada
Tel: +00190 861 3521
E-Mail: mtrcycletourguid@accesswave.ca
Internet: www.motorcycletourguidens.com

*Kostenloser Reiseführer erhältlich, einschließlich Landkarten, detaillierte Routenvorschläge und Veranstalteradressen.*

**MotoDiscovery**
22200 Highway 46 West, Spring Branch, Texas 78070 6774, USA
Tel: +001 830 438 7744
E-Mail: info@matodiscovery.com
Internet: www.motodiscovery.com

*Veranstalter mit langjähriger Erfahrung in USA und Südamerika, der nun auch Touren in Asien und Nordafrika anbietet.*

**Wild Rider Motorcycles**
Paseo Colón, 30-32 Street, San José, Costa Rica
Tel: +49 2774 20 75 48
E-Mail: info@wild-rider.com
Internet: www.wild-rider.com

*Vermietung von Enduros (50–650 cm³). Geführte und Individualtouren.*

**Moto Aventura**
Torres del Paine 1933, Osorno, Chile
Tel: +56 64 249121
E-Mail: son
Internet: www.motoaventura.cl

*Vermietung von BMW-Motorrädern. Anbieter von Individualtouren in Chile, Patagonien, Peru und Nord-Argentinien.*

## ASIEN

**SRI LANKA**
Touristeninformation:
www.srilankatourism.org

**Diana Tours**
Sha Lanka, 54 Poruthota Road, Ettukala, Negombo, Sri Lanka
Tel: +94 777 488 746
E-Mail: surangaoo7@yahoo.com
Internet: www.negombo-motorcycle-tours.com

*Anbieter von geführten Motorradtouren und Mietmotorrädern in Sri Lanka.*

**INDIEN/NEPAL**
Touristeninformation: www.incredibleindia.org

**Indian Motorcycle Club**
Internet: www.60kph.com

*Bietet Informationen und Routenpläne für Motorradfahren in Indien.*

**Himalayan Riders**
PO Box 13236, Baluwatar, Kathmandu, Nepal
Tel: +9971442 6695
E-Mail: vroom@himalayanmotorcycletours.com
Internet: www.himalayanmotorcycletours.com

*Geführte Touren in Nepal, Tibet, Bhutan, China, Sikkim, Darjeeling, Ladakh und der Mongolei.*

**THAILAND**
Touristeninformation:
www.tourismthailand.org

**The GT Rider**
Internet: www.gt-rider.com

*Geführte Touren und Mietmotorräder in Thailand.*

**Siam Enduro**
60 Moo 6, T. Khi Lek, A. Mae Tang, Chiang Mai 50150, Thailand
In Deutschland: GS Sportreisen GmbH, Arnulfstraße 300, 80639 München
Tel. +49 98 27818487
E-Mail: gssportreisen@siamenduro.com
Internet: www.siamenduro.com

*Geführte Enduro-Touren einschließlich Maschine in Thailand und Laos.*

**VIETNAM**
Touristeninformation:
www.vietnamtourism.com

**Voyage Vietnam/Mototours Asia**
1 Luong Ngoc Quyen Street, Hanoi, Vietnam
Tel: + 84 4 39 262 373
E-Mail: info@voyagevietnam.net
Internet: www.moto-tours.org

*Geführte Touren in Vietnam und anderen Ländern Südostasiens einschließlich China, Laos und Kambodscha.*

**CHINA**
Touristeninformation: www.cnto.org

**Dragon Bike Tour**
G/F, No 1, Yin On Street, To Kwa Wan, Kowloon, Hong Kong, China
Tel: +852 2147 1010
E-Mail: dragonbiketour@gmail.com
Internet: www.dragonbiketour.com

*Spezialisiert auf geführte BMW-Motorradtouren in Nordwest-China einschließlich Seidenstraße und Tibet.*

**MONGOLEI**
Touristeninformation:
www.mongoliatourism.gov.mn

**Off The Map Tours/Bike Mongolia**
Bayanzurkh District, 13th Microdistrict, Building 4, No 184, Ulaanbaatar, Mongolia
In Deutschland: Bike Mongolia, Demminer Straße 9b, 13059 Berlin
Tel: +49 30 9288344
E-mail: enchsaichan@aol.com
Internet: www.bikemongolia.com

*Voll ausgestattete Enduro-Touren in der gesamten Mongolei.*

## AUSTRALIEN

**AUSTRALIEN**
Touristeninformation: www.australia.com

**Bikescape**
183 Parramatta Road ,Young Street, Annandale, NSW 2038, Australien

# Kontakte

Tel: +61 29 569 4111
E-Mail: info@bikescape.com.au
Internet: www.bikescape.com.au

*Mietmotorräder, Planung von Individualreisen, Vermietung von Zubehör wie Helmen, GPS-Navigationsgeräten u. a.*

**BikeRoundOz**
20 Old Admiral Lane, Perth, WA 6112, Australien
E-Mail: info@bikeroundoz.com
Internet: www.bikeroundoz.com

*Mietmotorräder, geführte und Individualtouren von allen Großstädten Australiens.*

**NEUSEELAND**
Touristeninformation: www.newzealand.com

*Über diese Seite sind auch Veranstalter von Motorrad-Touren und Vermieter zu erfahren*

## EUROPA

**ISLAND**
Touristeninformation: www.visiticeland.com

**Biking Viking**
Langholtsvegur 111, 104 Reykjavík, Island
Tel: +354 588 3220
E-Mail: info@ bikingviking.is
Internet: www.bikingviking.is

*Geführte Enduro-Touren auf neuen BMW-Maschinen.*

**NORWEGEN**
Touristeninformation: www.norwegen.no

**Nordic Bike Adventure**
Stauslandstunet 26, 4640 Søgne, Norwegen
Tel: +47 911 29876
E-Mail: ot@nordicbike.no
Internet: www.nordicbike.no

*Geführte Touren von zwei oder drei Wochen Dauer zu den Fjorden der Westküste und nordwärts zum Polarkreis.*

**SCHOTTLAND**
Touristeninformation: www.visitscotland.org

**Highland Rider Motorcycle Adventure Holidays**
Waulkmilton Farm Cottage, Linlithgow EH49 7PU, Schottland
Tel: +44 1506 846 616
E-Mail: peter@highlandrider.com
Internet: www.highlandrider.com

*Mietmotorräder sowie geführte Touren durch Schottland, die westlichen Inseln, Orkney und die Shetlands.*

**IRLAND**
Touristeninformation:
www.tourismireland.com

**Moto Ireland**
PO Box 227, Newtownards, BT23 9AU, Nordirland
Tel: +44 7709 445 852
E-Mail: john@motoireland.com
Internet: www.motoireland.com

*Geführte Touren und Vorbereitung von Individualreisen einschließlich Unterkünften in Irland und Nordirland.*

**ENGLAND**
Touristeninformation:
www.yorkshirevisitor.com

**White Rose Motorcycle Tours**
3 Springhaven, Hollins Lane, Hampsthwaite, Harrogate, North Yorkshire, HG3 2EG, England
Tel: +44 1423 770 103
E-Mail: info@motorcycletours.co.uk
Internet: www.motorcycletours.co.uk

*Geführte Tourenurlaube in Großbritannien mit eigenem Motorrad.*

**H-C Travel Ltd**
16 High Street, Overton, Hampshire, RG25 3HA, England
Tel: +44 1256 770 775
E-Mail: david@hctravel.com
Internet: www.hctravel.com

*Motorradreisen-Veranstalter mit langjähriger Erfahrung. Geführte Touren und Mietmotorräder.*

**DEUTSCHLAND**
Touristeninformation: www.deutschland-tourismus.de

**MOTO aktiv e.V.**
Neue Landstraße 25, 35232 Dautphetal-Buchenau
Tel: +49 6466 911 790
E-Mail: info@motoaktiv.de
Internet: www.motoaktiv.de

*Geführte Touren, Fahrsicherheitstrainings.*

**Global Adventure Tours**
Salamancastraße 23, 97084 Würzburg
Tel: +49 931 76109
E-Mail: info@global-adventure-tours.de
Internet: www.global-adventure-tours.de

*Geführte Motorradreisen, Fahrsicherheitstrainings.*

**Nürburgring**
Internet: www.nuerburgring.de
Offizielle Website der Nürburgring GmbH.

**FRANKREICH**
Touristeninformation:
http://de.franceguide.com

**HIT Motorradreisen**
Gewerbering 4, 86666 Burgheim
Tel: +49 8432 949426
E-Mail: hit@hermann-motorrad-reisen.de
Internet: www.hit-motorradreisen.de

*Geführte Touren in ganz Europa, u. a. Südfrankreich, Cevennen, Alpen.*

**SPANIEN**
Touristeninformation: www.spain.info

**Iberian Moto Tours**
Calle Chapinería 6-B, Pol. Ind. Ventorro del Cano, 28925 Alcorcón, Madrid, Spanien
Tel: +34 91 591 3482
E-Mail: info@imtbike.com
Internet: www.imtbike.com

*BMW-Mietmotorräder in verschiedenen Städten Spaniens sowie geführte und Individualtouren einschließlich Planung und Service.*

**ALPEN**
Touristeninformation: www.austria.info
www.myswitzerland.com

**Grossglockner-Pass**
Internet: www.grossglockner.at

*Offizielle Website des bekanntesten Passes der Alpen.*

**Edelweiss Bike Travel Reise GmbH**
Sportplatzweg 14, 6414 Mieming, Österreich
Tel: +43 5264 5690
E-Mail: worldtours@edelweissbike.com
Internet: www.edelweissbike.com

*Langjähriger Anbieter weltweiter geführter Touren einschließlich zahlreicher europäischer Ziele.*

**ITALIEN**
Touristeninformation: www.suedtirol.info
www.trentino.to

**Club Mototurismo**
Via Solteri n. 78, 38100 Trento, Italien
Tel: +39 0461880 430
E-Mail: info@trentnoinmoto.com
Internet: www.trentnoinmoto.com

*Offizieller Motorradclub des Trentino. Gratis-Motorradkarte der Gegend.*

**SLOWENIEN**
Touristeninformation: www.slovenia.info

**Adriatic MotoTours**
Ovcakova 12, 1211 Ljubljana – Smartno, Slowenien
Tel: +386 41 332 418
E-Mail: matej@smtours.com
Internet: www.adriaticmototours.com

*Voll ausgestattete, geführte und individuelle Touren in Slowenien, an der kroatischen Adriaküste, in Montenegro, der Tschechischen Republik und Ungarn. Auch Vermietung von Motorrädern.*

**TÜRKEI**
Touristeninformation: www.tourismturkey.org

**Kazoom Moto Adventures**
Abide-i Hurriyet Cad. 224/1, Sisli, Istanbul 34381, Türkei
Tel: +90 212 233 0075
E-Mail: kazoom@kazoom-moto-adventures.com
Internet www.kazoom-moto-adventures.com

*Voll ausgestattete, geführte und individuelle Touren in der Türkei und benachbarten Ländern sowie rund ums Schwarze Meer. Vermietung von BMW-Motorrädern.*

## Bildnachweis

Die Originalausgabe dieses Werkes erschien unter dem Titel
»Great Motorcycle Journeys of the World« bei New Holland Publishers (UK) Ltd. in London.
© New Holland Publishers (UK) Ltd. 2008
© Text: Colette Coleman

Bibliografische Information der Deutschen Nationalbibliothek
Die Deutsche Nationalbibliothek verzeichnet diese Publikation in der Deutschen Nationalbibliografie; detaillierte bibliografische Daten sind im Internet über http://dnb.d-nb.de abrufbar.

1. Auflage
ISBN 978-3-7688-5306-4
© Moby Dick Verlag, Postfach 3369, D-24032 Kiel

Einbandgestaltung: Buchholz/Hinsch/Hensinger, Hamburg
Übersetzung: Hans Homann
Lektorat: Anja Ross
Layout: Isobel Gillan
Kartografie: Stephen Dew
Printed in Singapore 2010

Autor und Verlag haben sich bemüht, alle Informationen aus den verschiedenen Regionen und über die Reiseveranstalter aktuell und korrekt wiederzugeben. Eine Garantie kann jedoch nicht übernommen werden. Für Fernreisen, gerade in politisch instabile Regionen, empfiehlt es sich grundsätzlich, die jeweils neuesten Informationen und Empfehlungen des Auswärtigen Amtes einzuholen.

Alle Rechte vorbehalten! Ohne ausdrückliche Erlaubnis des Verlages darf das Werk, auch nicht Teile daraus, weder reproduziert, übertragen noch kopiert werden, wie z. B. manuell oder mithilfe elektronischer und mechanischer Systeme inklusive Fotokopieren, Bandaufzeichnung und Datenspeicherung.

Delius Klasing Verlag, Siekerwall 21, D-33602 Bielefeld
Tel.: 0521/559-0, Fax: 0521/559-115
E-Mail: info@delius-klasing.de
www.delius-klasing.de

## Bildnachweis

**AA World Travel Library** 18, 113; **Adriatic Motor Tours** 182; **African Motion Tours** 14, 33, 34; **Alamy** AA World Travel Library 52, 104/allOverphotography 143l/Arco Images 144, 159l/Jon Arnold Images 56, 153/Jack Barker 102, 103/blickwinkel 158/Richard Bradley 75o/James Cheadle 2/3, 21u/Crash PA 160/Gary Cook 40/Dennis Cox 112/Sigrid Dauth Stock Photography 161/Danita Delimont 39, 57r/Alan Dykes 36/37/Alex Fairweather 125/Chris Frederikson 76/Eddie Gerald 189/Hemis 127/ICP 165/imagebroker 16/17/Images & Stories 186/Andre Jenny 48/Dave Jepson 177/Wolfgang Kaehler 116/kolvenbach 162/Art Kowalsky 171r/Kurt Lackovic 139/Zute Lightfoot 24u/Craig Lovell–Eagle Visions Photography 75u/Alain Machet 110/Mediacolor 82o/Megapress 47/Brad Mitchell 57l/Ron Niebrugge 70/Nordic Photos 136/137, 138/Picture Contact 172/PCL 32/PjFoto.com–Phil Robinson 184l/Realimage 185/David Robertson 183/Christoph Rosenberger 26/27, 29/George & Monserrate Schwarz 58/Swerve 81/John Sylvester 49/Jochen Tack 86/Ukraft 176r/Steven Vidler–Eurasian Press 132/David Wall 130/Westend 61 105, 107/Terry Whitaker 106; **Art Directors & Trip** Bryce Atwell 100/Martin Barlow 69o/Tibor Bognar 89u, 9or, 99l, 159r/Peter Crimes 142/R Danielli 79/Mike Feeney 167/Graham Ivory 163/Warren Jacobs 143r/Colin Gibson 141/Tom Mackie 55/Andria Massey 148r/Gary Milne 149/David Morgan 111/Helene Rogers 188l/Barb Smith 126/Robin Smith 128, 131/Jane Sweeney 101/Brian Vikander 43/Nick Wiseman 67/Allen Wright 147; **Andre Bernard** 30, 33, 35; **Bike Around Oz** 124; **Bike Mongolia** 115r; **John Bruce Irish Rides** 151; **Steve & Colette Coleman** 13l, 9ll, 121l, 123l, 154, 155, 157; **Corbis** O. Alamany & E. Vicens 180/Bernard Annebicque–Sygma 168/Peter Adams 156/Christophe Boisvieux 164/John Carnemolla–APL 133/Dean Conger 114/Michael DeYoung 77/Macduff Everton 72/73/Kevin Fleming 59/Mike Feeney 176/Martin Harvey 31/Gallo Images 120, 123r Marianna Day Massey/John & Lisa Merrill 98/Barry Lewis 152/Randy Lincks 6/7/Jose Fuste Raga/zefa 187/Ruth Tomlinson–RHPL 164/Peter Turneley 62, 68/Sunny Unal 4/5/Steven Vidler–Eurasia Press 132; **Costa Rican Trails** 78; **Digital Railroad** Julie Bendlin–Danita Delimont 69o/Marianna Day Massey 118/119/Rainer Jahns 1, 174/Andre Jenny–Mira 150/Joe Sohm 61u/John Stuart–Mira 54; **Jeff Eden** 95r; **Fredlinks Tours** 188r; **Ian Freeman** 13r, 38, 42, 45, 66, 80, 84/85, 92, 93u, 94, 95l, 99r; **H-C Travel** 11, 12, 15, 117; **Robert Harding Picture Library** Ethel Davies 71/Neil Emmerson 28/Laurent Grandadam 210/Gavin Hellier 64, 65, 93o, 140/Herve Hughes 46/Hans Peter Merten 44/Thorsten Milse 64/65/Bruno Morandi 115l/Jochen Schlenker 129/James Schwabel 41/Storm Stanley 24o/Adina Tovy 174r/Travel Library 87, 178/DH Webster 135/John Wilson 9ol; **IMT Bikes** 171; **Kazoom Tours** 188r; **Peter MacIntyre** 146, 148l; **Negombo Tours** 88, 89o; **Alistair Norman** 166, 169; **Nova Scotia** 50, 51, 53; **PCL Travel** 96; **Christophe Ratier/NHPA/Photoshot** 23; **Simon P Runnalls** 134; **The Travel Library** Stuart Black 19, 175/Steve Day 176l/Chris Hermes 179/Mike Kipling 173/Clare Roberts 170; **Voyage Vietnam** 107, 108; **Lisa Weyer** 61o